괜찮아,
이제
걱정하지 마

괜찮아, 이제 걱정하지 마

발행일 | 초판 1쇄 2012년 7월 31일

지은이 | 강선영
펴낸이 | 임후남

편 집 | 여지영, 이선일
마케팅 | 박진성

디자인 | 디자인올
인 쇄 | 천일인쇄

펴낸곳 | 생각을담는어린이
주 소 | 서울시 양천구 목동 917-9 현대41타워 3903
전 화 | 편집 070-8274-8387 영업 02-2168-3787
팩 스 | 02-2168-3786
전자우편 | mindprinting@hanmail.net

© 강선영, Printed in Seoul. Korea

ISBN 978-89-968814-0-7 13180

" 엄마가 쓴 어린이를 위한
심리 치료 편지 "

괜찮아,
이제
걱정하지 마

글 강선영 그림 장원선

생각을 담는
어린이

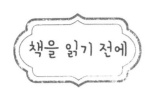

사랑하는 예준아. 네가 태어난 날은 흰 눈이 펄펄 내리던 화이트 크리스마스 날이었어. 네가 태어나던 날을 잊을 수 없구나. 누나를 낳은 지 십 년 째되던 그해 겨울, 엄마는 최고의 성탄절 선물인 너를 품에 안았어.

세상의 모든 사람이 기뻐하고 축복해 주는 크리스마스에 태어난 너는 우리 가족 모두의 큰 기쁨이었단다.

아니 그보다 먼저, 늦은 나이에 간절히 바라던 너를 임신했다는 걸 알았을 때 엄마의 마음은 무척 기뻤단다. 그동안 너를 갖기 위해 얼마나 간절히 기도했었는지 몰라. 네가 태내에 있던 열 달 동안 네가 태어나기만 간절히 기다리고 또 기다렸지.

갓 태어난 너는 다른 아기들보다 키가 크고 건강한 아기였어. 아주 길쭉한 팔과 다리를 가지고 있었지. 건강하게 태어난 네가 엄마는 너무나도 자랑스러웠고, 고마웠어. 그리고 그때부터 너를 위해 기도했어.

물론 그 기도는 네가 뱃속에 있을 때부터 시작된 것이지만.

"마음이 따뜻한 아이가 되게 해 주세요.
다른 사람의 마음을 잘 알아주는 사람이 되게 해 주세요.
사람들을 도와주고 힘을 주는 사람이 되게 해 주세요.
몸과 마음이 건강한 사람이 되게 해 주세요."

지금도 엄마는 그 기도를 계속 하고 있단다.
 그런데 어느 날부터 네 마음에 상처가 생기기 시작했어. 그리고 상처가 생긴 곳이 채 아물기도 전에 또 다른 상처가 생겼지. 이런 악순환이 너의 마음을 먹구름으로 가득 차게 했고.
원래 사는 동안에는 상처라는 것이 생길 수밖에 없어. 이 상처가 치유되고 아물어지는 과정에서 살아갈 수 있는 힘이 생기고 자신감도 생기지.
그런데 문제는, 하나의 상처가 아물기도 전에 또 다른 상처가 예준이에게 생겼다는 거야. 너에게 힘든 문제들이 계속 생기자 엄마의 마음은 불안하고 초조했단다. 어떻게든 네가 건강하고 행복한 아이로 자랄 수 있기를 바랐지.

우리는 사정에 의해 자꾸만 이사를 해야 했고 너는 무려 일곱 번이나 전학을 해야 했어. 그때 너는 마음의 상처를 많이 받았지. 친해진 친구와 이별하는 것만으로도 마음이 아팠을 텐데, 새 학교에 가서는 낯

선 학교에서 서서히 아이들과 친해질 무렵 다시 전학을 가야 했지. 그때 넌 따돌림 받는 일까지 당했고…….

내성적이고 수줍음이 많은 네가 얼마나 힘들었을까.

그때 네 마음에 얼마나 큰 상처가 생겨졌을까. 그떼 네 마음이 일마나 아팠을까.

우리 예준이, 그렇게 많이 전학을 하지 않았으면 친구들과 지금도 친하게 지내며 행복했을 텐데……. 그때를 생각하니 지금도 마음이 아프구나.

어느 순간부터 말문을 닫고, 손톱을 깨무는 버릇이 생기고, 늘 불안해하는 너를 심리 상담 전문가인 엄마는 널 다치지 않게 매일 조금씩 치료하기 시작했단다. 그리고 결심했지. 너의 마음뿐만 아니라 네 친구들 중에서도 마음이 아픈 아이들을 치유하고 위로해 주는 책을 내기로 말이야.

오래전부터 이미 너에게 했던 말이거나 하고 싶은 이 말들은 너와 비슷한 아픔을 가진 아이들에게도 위로가 될 거야. 엄마는 그 아이들의 엄마들에게도 위로와 치유를 경험하게 하고 싶단다.

사랑하는 아들, 예준아.

이 세상의 많은 사람들은 크고 작은 상처를 경험하면서 산단다.

상처 없이 사는 사람은 없어. 그렇기 때문에 상처를 어떻게 치유하느냐에 따라 그 사람의 삶이 달라지지. 상처를 건강하게 치유한 사람은 치유되는 과정에서 인격을 성숙하게 변화시킨단다. 더 크고 더 훌륭한 사람으로.

그에 반해 상처가 많은데 그대로 방치한 사람은 공부를 잘해 사회적으로 성공해도 결코 행복한 삶을 살 수 없단다. 상처가 마음의 흉기가 되어 자신도 모르는 사이에 본인은 물론 다른 사람까지 아프게 찌르기 때문이지.

그래서 엄마는 네가 너의 상처를 먼저 치유 받고, 꿈을 가진 후에 열심히 공부하기를 바란단다. 또 다른 사람의 상처도 치유하는 사람이 되길 바란다. 상처가 있는 사람은 주변 사람에게 화를 내서 상처를 주기 쉽지만, 상처를 건강하게 치유한 사람은 주변 사람의 상처 난 마음도 잘 이해하기 때문이지.

엄마의 편지를 읽는 동안 너의 상처는 치유되고 너에게 새로운 꿈이 생길 거야. 그리고 그 꿈을 이루기 위해 너는 열정을 갖게 되고, 우리 사회의 건강한 사람으로 성장하게 될 거야.

이제 아무 것도 걱정하지 마.

오직 너의 마음을 들여다보고, 네 마음의 소리에 귀 기울이렴.

네 마음이 보이면 친구들의 마음이 보인단다. 보이지 않는 마음이 보이기 시작하면 세상은 달라지겠지? 그러면 적어도 다른 사람들에게 상처 주는 말과 행동은 자제하게 될 거야.

우리, 그런 날이 오도록 함께 꿈꾸어 보자.

차례

세 번째 편지
심리학 해결편

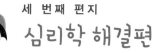

심리학이 뭐예요?

심리학은 사람의 마음을 들여다보는 학문이란다.

이 세상의 많은 사람들은 크고 작은 상처를 경험하면서 살지.

상처는 몸에만 있는 게 아니라 마음에도 있단다.

심리상담은 이런 마음에 난 상처를 치유하는 것이지.

몸과 마찬가지로 마음의 상처도 치유될 수 있단다.

대신 마음의 상처는 몸의 상처처럼 잘 보이지 않아서

그냥 마음속 깊이 쌓아두기 쉽지.

그렇기 때문에 마음에 상처가 생겼는지 매일 관심을 갖고 지켜봐야 해.

자, 이제부터 엄마와 함께 마음의 병을 찾아 여행을 떠나보자.

01

너의 상처,
토닥토닥 어루만져 줄게

고급 식당에서 밥을 먹고 비싼 옷을 입고, 멋진 가구가 있는 좋은 집에서 사는 사람은 무조건 행복할까? 그렇지 않아. 이유는 사람은 밥만 먹고는 살 수 없는 독특하고 특별한 존재이기 때문이지.

오래 전 엄마는 부모님이 없는 아이들이 사는 보육원에서 잠시 봉사 활동을 한 적이 있었어. 그 아이들에게는 비록 훌륭하지는 않지만 밥과 잠자리는 있었지. 하지만 아이들의 표정은 밝지 않았어. 맘껏 응석을 부리면서 사랑을 받고 자라야 할 시절에 부모님의 사랑을 받지 못해서 그런 거지.

아이들은 원래 엄마 아빠가 없다는 것만으로도 깊은 상처를 받게 된단다. '영혼의 상처'지. 하지만 엄마가 알고 있는 훌륭한 사람들 중에는 엄마 아빠 없이 어린 시절을 보낸 사람들이 의외로 많단다. 그 사람들은 외로움과 깊은 슬픔이라는 영혼의 상처를 잘 이겨낸 사람들이지. 상처라는 것은 원래 잘 아물면 오히려 그 사람을 성숙하고 훌륭하게 만드는 큰 자원이 된단다.

그런데 예준아. 심리 상담 전문가인 엄마는 엄마 아빠가 있는 아이들이 고아보다 더 큰 슬픔과 외로움을 가진 경우를 보곤 했어. 엄마는 그 아이들의 슬픈 눈을 보면서 함께 울었지. 아이들이 안쓰러워서 울었고, 네가 생각나서 울었단다. 이 아이들은 왜 그렇게 되었을까. 엄마도 아빠도 다 있는데 왜 그렇게 되었을까? 살펴보니 그 아이들의 문제는 곧 부모님의 문제였어.

재호라는 아이는 매일 아빠한테 맞았다고 했어. 야구방망이로 맞거나 골프채 같은 것으로도 맞았다고도 했지. 그래서 재호는 세상에서 아빠가 제일 무섭다고 했어. 아마도 재호에게 아빠는 괴물 같은 존재일 거야. 아이를 왜 때렸냐는 질문에 재호 아빠는 자신도 아빠에게 그렇게 심한 매를 맞고 자랐다고 하더구나.

사실 대부분의 부모들은 어떻게 아이들을 키워야 하는지 잘 몰라서, 자신들의 부모님이 했던 대로 아이를 키우곤 해. 아이를 키우는 방법 같은 것은 그 어떤 교육 기관에서도 가르쳐 주지 않기 때문이지.

그런데 문제는 과거의 부모님들이 아이를 때려야, 혹은 엄하게 키워야 바르게 자란다고 생각했다는 거야. 아이를 키우는 것을 육아라고 하는데 그분들은 그것이 우리나라 전통 육아법이라 생각했어.

그렇다면 과연 매를 때려야 말 잘 듣고 착한 아이로 자란다는 게 우리나라의 전통 육아법일까? 사실 이것은 우리나라 육아법이 잘못 전해졌기 때문이란다. 약 500년 전에 쓰여진 목재 이문건의 《양아록(養

목재 이문건

목재 이문건 할아버지는 조선 중종 때의 문인이야. 《양아록》은 현재 전해지고 있는 육아 일기 중 가장 오래된 육아 일기이지.

13

兒錄)》이라는 책이 있어. 할아버지가 쓴 육아 일기인데 이 책을 보면 당시 부모들이 아이들을 어떤 마음으로 어떻게 키웠는지 알 수 있단다.

이문건 할아버지는 책을 쓴 이유에 대해 다음과 같이 서문에서 쓰고 있지.

'정월 초닷새 오전 9시쯤 며느리 김 씨가 사내아이를 낳았다. 귀양살이 중에 이 같은 기쁨이 있기에 시를 지어 기록한다.'

참 자상한 할아버지시지? 그런데 이 책에 '종아리를 때리고 나서'라는 시가 있어. 한번 읽어 볼까?

넌 왜 이 모양이니?

14

내가 종아리를 치는 것은

아이의 나쁜 습관을 없애기 위해서라

오냐 오냐 하며 아이를 귀여워한다면

일마다 아이의 비위를 맞춰야 하리

이 시는 이문건 할아버지가 손자 숙길에게 글을 읽으라 했는데 게으름을 피워 다음날 불러 회초리로 궁둥이를 30대 때린 이야기를 시로 표현한 것이란다. '사랑으로 대하되 너무 귀하게는 키우지 말자'는 의미를 담고 있지. 이것은 말 그대로 '사랑의 매'야.

요즘에는 어떤 식으로든 아이를 때리면 안 된다고 하지만 과거에는 사랑이 담긴 매로 아이를 훈육할 수 있었단다. 그도 그럴 것이 우리 전통 육아법은 아이를 매일 업고, 안고, 쓰다듬고 매일 사랑으로 돌보는 걸 중요시했거든. 따라서 충분한 사랑을 받고 자라는 아이인 만큼 적절한 사랑의 매는 아이가 충분히 이해할 수 있었을 것이라 생각한거지.

또 이 책에는 손자가 벼슬길에 나가서 성공하기를 바라는 말은 전혀 없어. 그저 교양을 갖춘 선비다운 선비가 되기만을 바란다는 것만 있을 뿐이지.

우리나라 전통 육아법은 아이를 매일 업고, 안고, 쓰다듬고, 매일 사랑으로 돌보는 걸 중시했어. 그렇기 때문에 아이가 충분히 이해할 수 있는 정도의 적당한 사랑의 매는 필요하다고 본 거지.

말을 잘 듣고 착한 아이로 키우기 위해서는 때려야 한다는 것은 아주 잘못 전해진 육아법이야. 그렇기 때문에 잘못 전해진 육아법을 그대로 믿고 따른다는 것은 여간 잘못된 일이 아닐 수 없단다. 다행히 최근 들어서는 그 의식이 많이 바뀌었지만 말이야.

따라서 부모가 매를 맞고 자랐다고 자식도 때리며 키우는 건 핑계밖에 되지 않아. 그저 매를 때리는 건 매를 때리는 방법밖에 몰라서 그래. 때리지 않고도 얼마든지 훈육할 수 있는데 말이지.

너도 아빠한테 심하게 맞은 적 있었지. 기억하니? 그날 이후 엄마는 아빠에게 부탁해서 다시는 너를 때리지 못하게 했지만 단 한 번의 그 기억이 어린 너의 마음에 큰 상처를 준 거 같더구나. 네가 산만하고 종종 불안한 걸 보면 말이야.

한번은 훈이라는 아이가 상담실을 찾아왔어. 훈이의 엄마는 훈이가 너무 어둡고, 말도 안 하고, 사람을 잘 쳐다보지 않아서 걱정이라며 우셨지. 그러면서 훈이가 술을 많이 마시는 아빠에게 수시로 욕설을 듣고, 야구방망이 같은 것으로 맞았다고 했어. 훈이는 자기 엄마의 울음에도 아주 무표정한 표정으로 말없이 고개만 푹 숙이고 있었고…….

엄마는 그 모습만으로도 훈이가 얼마나 많은 상처를 받았는지 알 수 있었어. 고개를 푹 숙이고 있다는 것은 눈을 마주치지도 못할 만큼 사람에 대한 두려움이 많다는 것이기도 하거든.

훈이는 매주 상담실에 왔어. 하지만 어두운 표정, 침묵은 여전했어. 얼마나 무섭고 힘든 시간을 보냈으면 그랬겠니?

이럴 때 가장 좋은 건 상처받은 마음을 자기 스스로가 꺼낼 수 있을 때까지 기다리는 거야. 조용히 부드러운 표정으로 토닥토닥 아픈 마음을 위로해 주면서 말이야.

이렇게 몇 달의 시간을 보낸 어느 날 훈이는 마음을 열고 자신의 아픈 마음을 꺼냈어. 마음속에 꼭꼭 숨겨 놓았던 상처를 울면서 털어 놓기 시작한 거지. 훈이가 아픈 마음을 열자 비로소 치료를 할 수 있게 되었어. 그래서 훈이의 아픈 마음에 치료약을 발라 주었어. 훈이의 마음을 알아주고 같이 아파해 주는 치료약을 말이야.

엄마가 훈이에게 발라 준 치료약이 무엇인지 궁금하지? 이것은 약국에서는 구입할 수 없는 거야. 엄마의 치료약은 훈이의 마음을 알아주고 같이 아파해주는 치료약이지.

먼저 훈이가 오면 반갑게 웃으며 맞아 주었어.

"훈이야, 안녕? 어서와."

그리고 훈이가 했던 말을 작은 것이라도 잘 기억했다가 물어보았어.

"그동안 어떻게 지냈니? 저번에 친구들과 축구를 한다고 했지? 재미있었니?"

"짝을 바꾼다고 했던 것 같은데 새로 바뀐 짝은 어때?"

"오늘 옷 아주 멋지게 입었는데? 누가 골랐어? 훈이가 직접 골랐니? 이제 보니 훈이가 아주 멋쟁이구나."

이렇게 훈이를 보고 진심으로 웃어주고 훈이가 좋아하는 것에 관심을 갖고 함께 공감해 주었지. 또 잘하는 것이 있으면 무엇이든 칭찬을 해주기도 했어. 어떻게 보면 아주 간단한 행동일지도 몰라. 하지만 이

마음이 아파서 생긴 병은 사랑이 가장 좋은 치료약이야.

런 간단한 행동이 훈이처럼 마음이 아픈 친구들에게는 좋은 치료약이 될 수 있단다.

혹시 네 주위에도 이렇게 마음이 아픈 친구들이 있을지 몰라. 그 친구들의 마음을 네가 알아주고 위로해 준다면 그 상처가 조금씩 치료될 거야. 이건 누구나 할 수 있는 거야. 조금만 노력하면 말이지.

무서운 친구들도 사실은 외로운 거야

무서운 눈빛을 보내고 아무 이유 없이 남을 괴롭히는 친구. 이런 친구 때문에 힘든 적 없었니? 이런 친구들을 보면 무슨 생각이 드니? 그냥 무섭고 피하고만 싶니?

엄마의 눈에는 그 친구들이 두려움과 불안이 가득한 아이로 보인단다. 이미 받은 상처가 너무 커서 마음의 손톱을 날카롭게 세운 아이, 다시 상처를 받을까 두려워 먼저 무서운 눈빛을 보내는 아이. 그러다보니 곁에 아무도 없어 외로워진 아이, 또는 난폭하고 반항적으로 된 아이. 피해 의식으로 인하여 오히려 다른 사람을 욕하고 비난하는 아이, 또 사람들이 무서워하는 아이……

얼마 전, 반 아이들에게 집단으로 괴롭힘을 당했던 아이가 자살하는 사건이 연달아 일어났어. 얼마나 괴로웠으면 죽을 수밖에 없었을까.

이 아이들은 친했던 친구들에게 투명인간 취급을 당하고 방석, 막

대기 등으로 폭행을 당했다고 했어. 심지어 있지도 않은 병이 있어 지저분하다며 쓰레기 취급을 당했다고도 하더구나.

너무나도 무서운 일이야. 친구가 친구를 이렇게까지 괴롭힐 수 있다니. 친구를 괴롭히고 죽음으로 내몬 아이들은 과연 죽은 그 아이들을 괴롭힐 때 이렇게 끔찍한 일이 일어날 것이라는 생각을 조금이라도 했을까? 그런 생각을 했다면 괴롭히는 일 따위는 멈출 수 있지 않았을까?

언젠가 같은 반 친구가 너를 괴롭힌다고 말한 적이 있지. 툭하면 다른 친구들에게 욕하고 때리던 그 친구가 너에게 욕을 했다고 했을 때 정색하고 "욕하지 마." 라고 했음에도 불구하고 그 친구는 욕설을 멈추지 않았다고 했어.

사실 마음이 강한 아이들은 어떠한 욕설을 들어도 툭툭 털어버릴 수 있는데 예준이 너처럼 마음이 섬세하고 예민한 아이 같은 경우는 작은 욕설 한마디에도 깊은 상처를 받을 수 있지. 많이 속상하고 힘들었지? 얼마나 속상했으면 그때 너는 우울증 증세까지 보였어. 엄마는 결국 안되겠다 싶어 그 친구를 만났지.

그 친구는 엄마 아빠가 매일 일찍 나가셨다가 늦게 들어오시기 때문에 혼자 외롭게 방치되어 있는 아이였어. 그래서 마음속에 다른 애들을 괴롭히면서 관심을 끌려는 욕구와 상처받은 마음에서 나오는 분노가 가득했어.

엄마는 예준이 너를 괴롭힌 아이니까 야단을 칠 수도 있었지만 그보다는 친구와 친하게 지내는 방법을 알려줬단다.

"계속 욕을 하면 모든 애들이 다 너를 싫어하게 된단다. 그러면 너는 더 외롭고 힘들어질 거야. 욕하지 않고 때리지 않고 진실한 모습으로 다가가면 친구가 더 많이 생길 거야."

엄마의 행동이 이해가 되지 않는다고? 왜 혼내지 않았냐고? 네가 당한만큼 그 친구도 당해야 되는 거 아니냐고? 물론 엄마도 마음 같아서는 너를 괴롭히는 그 친구를 만나서 혼쭐을 내고 싶었어. '왜 내 사랑하는 아들을 괴롭히냐'라고 말이야. 왜 그런 마음이 들지 않았겠니. 하지만 분노는 또 다른 분노를 낳을 뿐이야. 화를 내는 것은 결코 좋은 해결 방법이 아니란다.

《데스노트》라는 일본 만화책이 있어. 그 책의 주인공인 라이토는 이름만 적으면 죽게 되는 신비의 '데스노트'를 갖게 되고, '사회 정의'라는 이름 아래 나쁜 사람을 죽이는 일을 해. 하지만 그것은 결코 좋은 방법이 아니야. 라이토의 경우만 해도 비록 나쁜 사람을 벌했지만 결국 라이토 자신도 똑같은 범죄자가 되었잖아. 사람에게는 악당이라고 해서 마음대로 죽일 권리는 없단다. 라이토가 결국 불행하게 된 것도 이 때문이지.

엄마는 네가 너를 괴롭힌 애들에게 복수를 하고 싶은 마음은 충분히 이해해. 그러나 그렇게 한다고 네 마음이 편해지지는 않는단다. 그보다는 오히려 너의 상처 입은 마음을 치유하고 용서하는 것이 너 자신을 훨씬 행복하고 자유롭게 만들어 줄 거야.

자, 이제 생각해 보자. 그리고 기억하자.

너를 괴롭혔던 '무서운 애'들도 사실은 마음이 병들 만큼 외롭다는 것. 따라서 그 아이들에게는 따라서 그 아이들에게는 복수보다는 이해와 용서가 필요하다는 것. 엄마는 네가 점점 더 어른이 되어갈수록 이 사실을 더욱 깊이 새기길 바란다.

그리고 이 세상에는 진짜 무서운 사람은 없다는 것을 알았으면 좋겠다. 자기 마음속 깊은 곳의 무서움 때문에 무섭게 보이는 것뿐이란다. 이런 놀라운 진실들을 네가 꼭 알았으면 좋겠구나.

엄마,
이렇게 도와주세요

아이가 갑자기 말이 없어졌다면, 마음이 아픈 거예요

아이가 갑자기 말이 없어지고 우울해 보인다면 대화를 유도해 보세요. 아이들은 어른처럼 논리적으로 말하지 못합니다. 특히 마음이 아픈 아이들은 오래 기다려 주어야 합니다. 부모가 성급히 결론을 내리거나 화를 내면서 닦달하면 아이의 마음은 오히려 더 깊은 동굴 속으로 들어가 버리고 맙니다. 자신의 아픈 마음을 열고 말을 꺼낼 때까지 인내심을 가지고 기다려 주세요. 그리고 진심으로 '너의 아픈 마음을 이해한단다'라는 엄마의 마음이 전달될 수 있도록 도와 주세요.

아픈 마음 한 줄기가 두 줄기, 세 줄기가 되어도 모른 채 방치해 두면 심리적인 병으로 진행됩니다. 자녀들의 표정과 태도에 민감한 엄마가 되도록 늘 주의를 기울이고 세심한 관심을 가져야 합니다.

심리 치료사는 어떤 사람일까?

심리 치료사는 심리 상담 전문가, 혹은 상담자, 치료자, 심리 상담 선생님 등으로 불린단다. 사람의 마음을 치료하는 심리 치료사는 항상 자기 마음도 잘 살피고 생각해야 돼. 마음의 치료를 도와주는 사람의 마음이 병들어 있으면 치료받는 사람에게 오히려 좋지 않은 영향을 주기 때문이지.

심리 치료사가 되려면 우선 어렵지만 심리학, 상담학, 정신 의학 등의 공부를 많이 해야 해. 문학, 인문학, 철학, 시학, 예술학 등 다양한 공부도 해야 하지.

마음은 눈에 보이지도 않고 너무 깊고 넓기 때문에 많은 사람을 살펴봐야 하고, 자신의 자질을 갈고 닦아야 한단다. 이때 무엇보다 중요한 것은, 공감과 경청의 능력이야.

공감은 '다른 사람의 아픔을 깊이 이해하고 함께 아파해 주는 능력'이지. 나와 전혀 다르게 살아온 사람의 이야기와, 내가 겪어본 적이 없는 고통을 겪는 사람의 이야기를 이해하는 능력이란다.

경청은 '들어주는 능력'을 말해. 어떤 사람은 남이 자신의 이야기를 잘 들어주는 것만으로도 치유가 되기도 한단다. 다른 사람의 마음을 치료하려면 먼저 그 사람의 말을 들어줘야 해. 그것도 완벽하게 비밀이 보장되는 안전한 공간에서 마음을 다해 들어주어야 하지.

아무리 열심히 이론적인 공부를 많이 한 박사님이라 해도, 심리 상담을 할 때 공감하는 능력이나 경청하는 힘이 없다면 아무 소용이 없단다. 따라서 심리 치료사는 공부도 많이 해야 하고 끊임없이 자신을 성찰하고 분석하는 일을 게을리해서는 안 되는 직업이란다.

경청은 '들어주는 능력'을 말해. 심리 치료사에게 꼭 필요한 자질이야.

02

네 마음이 그렇게
아픈 줄 몰랐어

민수라는 아이가 있었어. 겨우 아홉 살이었던 민수는 엄마 아빠가 이혼 후 눈이 잘 보이지 않는 할머니와 단 둘이 살았어. 그런데 할머니는 민수에게 늘 소리 지르고 화만 냈지. 민수가 어떤 일을 해도 야단만 쳤고. 심지어 100점 맞은 시험지를 가지고 와도 칭찬 한 번 하지 않으셨단다.

민수와 할머니가 함께 상담실을 찾은 것은 민수가 이상해졌기 때문이었어. 처음에는 초점 없는 눈으로 멍하니 앉아 있더니 나중에는 부엌에 들어가 유리그릇을 다 깨기도 하고, 아무 말 없이 학교에 가지 않기도 한다는 것이었어. 게다가 할머니는 민수가 이런 행동을 할 때마다 소리를 지르고 욕을 해대며 야단을 치셨지.

그렇다면 민수는 왜 그런 행동을 하게 되었을까? 민수의 행동은 일종의 '우울증'의 한 표현이야. 우울증은 마음의 암과 같은 것으로 여러 종류가 있는데 민수의 경우는 '사랑을 받지 못해서 생긴 우울증'이지.

사랑을 충분히 받아도 모자란 어린 나이에 민수는 그 누구에게도 사랑받지 못해 외로웠던 거야. 민수를 버리고 떠난 부모님은 민수를 돌봐 주기는 커녕 찾아오지도 않았고 유일하게 민수를 돌봐 주는 할머니는 그저 화만 내셨으니 말이야.

사람은 사랑을 먹어야 살 수 있단다. 사람들이 화를 내는 것은 사랑이 필요해서야. 사람들이 외로워하는 것도 사랑이 필요해서지. 그렇기 때문에 사랑은 심하게 다친 마음 역시 아주 빨리 치료해 준단다.

그렇다면 왜 민수의 할머니는 사랑하는 손자를 왜 그렇게 화를 내면서 키우셨을까.

민수 할머니가 상담실을 찾았을 때 할머니는 다리를 약간 절고 계셨어. 민수의 상태를 상담하는 내내 할머니는 거친 손으로 후회의 눈물을 훔치셨지. 그리고 "내가 너무 모질게 대했어."라는 말을 반복하시더구나.

할머니는 경제적으로도 넉넉하지 못한 데다가 불편한 몸으로 일도 해야 하고, 혼자 민수를 키워야 해서 하루하루가 많이 힘드셨다고 했어. 그래서 마음은 그렇지 않은데 민수에게 짜증과 화를 많이 내셨다는 거지.

사실은 할머니도 마음이 많이 아프신 분이었어. 그래서 엄마는 우선 할머니의 말을 충분히 들어 드린 다음 민수의 행동들이 우울증이

우울증

우울증은 여러 가지 종류가 있단다. 사람들은 다 한가지로 생각하지만 가벼운 감기처럼 금방 괜찮아지는 우울증도 있고, 무서울 정도로 심각한 우울증도 있단다. '심리적 암, 즉 마음에 생긴 암' 같은 이름으로 불려도 좋은 이 우울증은 그냥 두면 자꾸 죽고 싶어져서 끝내 자살 시도를 하게 된단다. 그래서 실제 암보다 더 무서운 병이지. 사람들이 다들 이걸 알았으면 좋겠어. 심리암이 말기암보다 더 무섭다는 걸 말이야.

라는 아주 무서운 병이기 때문에 빨리, 잘 치료해 주지 않으면 안 된 다고 말씀드렸단다. 치료에서 가장 중요한 것은 할머니의 양육 태도 인데 무엇보다 할머니가 민수에게 칭찬과 격려를 많이 해주고, 사랑 이 전달되도록 많이 안아 주고, 사랑한다는 것을 말로 많이 표현해 주 시라고 말씀드렸지.

다행히 민수 할머니는 민수를 많이 사랑하셨고 상담사인 엄마의 말 을 잘 들으셨어. 할머니는 일단 민수에게 소리 지르기를 멈추셨는데 할머니의 이런 노력은 민수의 표정을 점점 밝게 만들었지. 늘 짜증으 로 찌푸리고 있던 얼굴이 점점 펴지고 말수도 많아졌어. 또 마음을 표 현했던 분노와 폭력적인 행동이 점점 없어지게 되었고, 자주 웃게 되 었지. 심지어 방과 후 교실에 참여해서 친구를 사귀기도 했어.

얼마간의 상담 치료가 끝난 후 마침내 마지막 상담 시간이었어.

민수는 이렇게 말했어.

"선생님, 제가 행복해졌어요. 제가 마음이 많이 아팠는 데 이제는 행복해졌어요. 할머니도 소리 안 지르고 잘 해 주시고, 친구들도 많이 생겼어요. 아무도 제 마음을 알아주지 않았는데 선생님은 제가 말 안 해도 제 마음을 알아 주셨어요."

그리고 또렷한 목소리와 똘망똘망한 눈빛으로 씩씩하게 말 했지.

"고맙습니다!"

누군가 자신의 마음을
알아주길 바라는 것은
어른이나 아이나 모두 똑같아.
사람들이 서로의 아프고
외로운 마음을 알아준다면
이 세상이 얼마나 밝아지고
아름다워질까.

마음속 이야기를 하자

"자살하면 지옥 가요?"

어느 날 네가 진지하게 물었어. 이 말을 들었을 때 엄마는 마음이 얼마나 아팠는지 몰라. 가끔 뉴스를 보면 너처럼 생각하던 많은 아이들이 실제로 죽음을 선택하고 행동에 옮기게 된 경우를 봐. 그럴 때마다 엄마는 심장이 조여 오는 듯한 통증을 느낀단다. 무엇보다 죽지는 않게 해야겠다, 살려야겠다, 살려 놓고 봐야겠다는 생각에 마음이 급해지지.

다행히 엄마가 초기에 너의 아픈 마음을 들여다보기 시작하면서 너는 점점 좋아졌어. 너는 알지 못하겠지만, 엄마는 시간만 나면 너의 마음속 이야기를 꺼내려고 노력했단다.

처음에는 쉽지 않았어.

엄마가 "오늘 어떻게 지냈어?"라고 물으면, 너는 "친구들이랑 그냥 지냈어."라고 간단히 대답할 뿐이었거든.

그러면 엄마는 또다시 물었지.

"오늘 지내면서 마음이 어땠어?"

"어떤 생각을 많이 했어?"

"힘들지는 않았어?"

"외롭거나 슬프지는 않았어?"

너의 마음을 들여다보면서 엄마는 그 감정을 모두 꺼내려고 노력했단다.

억누르기의 달인은 안 돼!

혹시 이러지는 않았니? 아침에는 학교 가기 괴로웠고, 학교에서 친구들하고 놀 때는 즐거웠고, 혼자 집에 갈 때는 심심했고, TV 볼 때는 재미있고, 밤에 혼자 잘 때는 외로웠고…….

아마도 하루 동안 몇 가지 감정이 왔다 갔다 했을 거야. 그렇지?

원래 사람의 마음속에는 하루에도 수만 가지의 감정이 왔다 갔다 한단다. 그런 마음속 감정 중에는 기쁨, 희망 등의 긍정적인 감정도 있고, 외로움, 슬픔, 시기, 질투, 고통, 분노와 같은 부정적인 감정들도 있단다.

자, 그럼 또 생각해 보자.

기쁠 때는 어떻게 하니? 웃거나, 친구에게 혹은 가족에게 "나 기쁜 일이 있어요."라고 당당하게 얘기하지? 상상이 잘 안 간다면 시험에서 100점 맞았을 때를 생각해 보자. 아마도 웃고 떠들며 친구에게 혹은 엄마에게 자랑할 거야. "엄마, 나 100점 맞았어요."라고 말이야.

그런데 외로울 때 혹은 힘든 일이 있을 때는 어떻게 하니? 혹시나 혼자 어두운 표정으로 말없이 가만히 있지는 않니? 누가 "무슨 일 있니?"라고 물어봐도 "아무 일도 없어."라고 대답하고.

그렇다면 왜 그럴까? 왜 기쁜 일은 남에게 쉽게 얘기하면서 힘든 일은 남에게 쉽게 얘기하지 않는 걸까?

그것은 부정적 감정을 표현하는 게 좋지 않다고 생각하기 때문이야. 그래서 부정적인 감정을 밖으로 내보이지 않고, 마음의 가장 깊은 골짜기에 숨겨 놓는 거지.

그렇다면 마음 깊숙이 숨겨 놓은 부정적인 감정들은 어떻게 될까? 없어지지 않고 마음의 가장 밑바닥에 차곡차곡 쌓이게 되고 결국에는 폭발하게 될 거야. 이렇게 되면 아무 것도 아닌 일에 심하게 화를 내거나, 욕을 하거나, 심지어 친구를 때리는 등의 좋지 않은 행동을 하게 되지.

외로움 · 슬픔 · 시기 · 질투 · 고통 · 분노 등의 부정적인 감정은 결코 나쁜 것이 아니란다. 마음속에 그런 감정들이 일어나는 것은 인간으로서 지극히 정상적인 반응이지. 다만 그 감정을 어떻게 그때마다

부정적인 감정

고통

질투

슬픔

외로움

시기

해결하느냐가 중요한데 무조건 억누르기만 하면 반드시 문제가 생긴단다.

'억누르기의 달인'들이 있어. 이 사람들은 남에게 부정적인 좋지 않은 감정을 절대 보이지 않아. 그래서 자기들은 몹시 좋은 사람이라 생각하고 자기 마음이 힘들거나 어려운 일이 생기면 마음속으로 다른 사람을 원망하고 비난하지.

감정을 너무 억누르다 보면 마음속에 남에 대한 원망, 스스로 "난 안 돼." 하는 비관하는 감정이 쌓이기 쉽거든. 하지만 이것은 위험천만한 일이 아닐 수 없어. 이것들은 나중에 우울증, 불안증 같은 마음의 병을 만들거든. 게다가 이 마음의 병은 결국에는 스스로 죽음을 선택하는 비극을 만들 수 있기 때문이지.

나쁜 감정은 그때그때 풀어요~!

긍정적인 감정

희망
기쁨
즐거움
재미

혹시 예준아. 바쁜 엄마를 보고 외로운 적 있었니? 학교에서 친구들과 트러블이 생겨서 힘들었니? 열 살 차이 나는 누나와의 사이에서 힘들었니? 선생님에게 꾸중을 들었니? 쉽게 화내는 성격의 아빠하테 혼났니? 모르는 어른에게 억울하게 야단을 맞았니? 실수로 남의 물건을 망가뜨렸니? 거짓말을 했니? 아무도 널 이해해 주지 않는 것 같니? 누군가가 너에게 말을 걸어 주고 얘기를 들어 주길 기다리고 있니?

이제 두려워하지 말고 너와 가까운 사람 엄마나 아빠, 형제 아니면 친구, 선생님께 얘기해 보자. 그들은 아마도 네가 먼저 얘기해 주길 기다리고 있을 거야. 그리고 너의 이야기를 모두 들어줄 거야.

이제 엄마는 네가 마음의 감정을 억누르지 않길 바란다. 뭐든지 엄마에게 말하고, 표현하고, 힘든 감정을 털어놓길 바란다. 만약 아주 친한 친구가 생겨 그 친구와 모든 이야기를 할 수 있다면 그 친구에게 말해도 돼.

누군가와 대화를 할 수 있다면 일단은 위험한 상태로까지 빠질 위험이 줄어들거든. 이때는 일방적으로 혼자 이야기하는 것이 아니라 그 친구도 자신의 힘든 점을 말할 수 있도록 해야겠지. 서로 자신의 감정을 '화내지 않고' 표현하면, 나쁜 감정이 마음속에 쌓이지 않을 것이고 나중에 핵폭탄이 되지 않을 거야. 이 사실을 꼭 명심하길 바란다. 알겠지?

우울증 증세가 있다면 전문가를 찾아가세요

자녀가 우울증 증세를 보이면 신속하게 대처해야 합니다. 우울증이 비교적 약할 때는 엄마의 사랑과 관심만으로도 빠른 치유를 보입니다. 그러나 중증으로 진행되어 신체화 증상(마음속 감정이 몸의 통증으로 표현되는 것)을 동반하거나 죽고 싶은 심정을 자꾸 호소할 때는 가볍게 듣지 말고 심리 치료 전문가를 찾아가야 합니다.

저는 아이와 이메일 교환을 하면서 자신의 이야기를 할 수 있도록 유도했습니다. 아이는 엄마에게 나쁜 일을 얘기하면 혼날 거라 생각했는지 처음에는 마음속 깊은 이야기를 하지 않았습니다. 그래서 먼저 저의 이야기를 했지요. 하루 동안 힘들었던 일, 슬펐던 일, 즐거웠던 일 등.

엄마에게도 힘든 일이 일어날 수 있다는 걸 알려주었어요. 그랬더니 천천히 마음의 문을 열더군요. 왕따 당하는 이야기, 욕을 들었다는 이야기, 가슴이 아프다는 이야기, 짜증이 난다는 이야기 등의 이야기를 털어 놓았지요. 글쓰기를 싫어하는 아이라면 그림으로 표현하게 해도 좋겠지요. 큰 도화지에다 마음껏 그려보게 하는 거죠. 가족의 모습, 미래의 자기 모습, 엄마 아빠의 모습, 누나 또는 동생의 모습 등. 이렇게 하면 자신도 모르게 마음을 열게 되고 어느 순간부터 엄마에게 마음속 이야기를 하게 됩니다.

잊지 마세요. 엄마에게 속내를 털어 놓게 되는 순간부터 아이의 마음에는 치유가 일어납니다. 세상의 모든 엄마는 '치유자'입니다.

03

칭찬은 고래도
춤추게 한단다

몸의 건강과 마음의 건강 중 뭐가 더 중요할까? 지금쯤이면 너도 알 거야. 몸의 건강도 중요하지만 마음의 건강도 매우 중요하다는 것. 하지만 대부분의 많은 사람들은 바쁘고 분주한 일상을 보내며 마음의 중요성을 모른 채 살아간단다. 대부분의 불행한 문제들이 마음에서 생기는데도 말이야.

자기 마음을 중요하게 생각하지 않는 사람은 다른 사람의 마음도 신경 쓰지 않는단다. 그러다보니 많은 사람들이 자기도 모르게 서로의 마음을 찌르고 다치게 하지. 희생자는 가해자가 되어 다른 사람에게 상처를 입히고, 가해자는 다시 희생자가 되는 거지. 악순환의 연속이 아닐 수 없구나.

마음은 한 마디의 말에도 심한 상처를 받을 정도로 연약하단다. 그래서 작은 것이라도 그때그때 생긴 마음의 상처는 없애 주어야 해. 그것은 내가 아닌 다른 사람에게도 마찬가지야. 따라서 다른 사람에게 상처를 주지 않도록 조심해야겠지.

마음을 건강하게 하는 칭찬

상처는 작은 것이라도 그냥 넘어가면 안 돼. 그냥 두면 마음에 생긴 상처가 고름으로 가득 차게 될 테니까. 상처는 그때그때 풀지 않으면 더 이상 고통을 느낄 수도 없을 만큼 무뎌지기도 하는데, 그러면 자신의 마음이 고장이 난 것도 모르고 그날그날 아무 의미 없이 살아가다 나중에 더 큰 문제를 일으키기도 한단다.

자, 그렇다면 마음의 상처를 치유하고, 마음을 건강하게 하는 방법에는 어떤 게 있을까?

《칭찬은 고래도 춤추게 한다》라는 책이 있어. 이 책의 내용을 잠깐 살펴볼까? 회사의 중역으로 있는 웨스 킹슬리라는 한 아저씨가 회사와 가정에서의 인간 관계로 많은 고민을 하고 있었어. 어느 날 플로리다에 출장을 간 아저씨는 우연한 기회에 씨월드 해양관에서 범고래의 멋진 쇼를 보았어. 쇼에서 아저씨는 바다의 포식자로 널리 알려진 범고래들이 멋진 쇼를 벌이는 모습을 보고 궁금했어. 어떻게 무게 3톤이 넘는 범고래들에게 멋진 쇼를 하게 만들었을까. 아저씨는 조련사에게 대체 그 비법이 무엇이냐고 물었지. 그런데 그 비법은 의외로 아주 간단했어. 다름 아닌 '관심'과 '칭찬' 그리고 '격려'였던 거야. 아저

마음이 아프고 상처가 가득하면 원래 있었던 꿈도 다 없어져 버린단다. 자꾸 무기력해져서 아무 것도 하기 싫고 자꾸 짜증만 나지. 그럴 때마다 기억했으면 좋겠다. '아, 내 마음에 상처가 쌓이고 있구나'라고 말이야.

씨는 여기에서 깨달았지. '칭찬'의 위대함을 말이야.

엄마가 뜬금없이 칭찬에 대해 이야기를 해서 의아하지?

마음에 상처가 있는 사람이 좋은 마음을 먹기란 쉽지 않단다. 아무리 강하게 마음을 먹어도 다시 부정적이 되기 쉽거든. 그래서 주변 사람들의 도움이 필요하단다. 이때 필요한 게 바로 '관심'과 '칭찬', '격려'란다.

사람은 칭찬을 받고, 격려를 받으면 마음의 상처를 치유할 수 있을 뿐 아니라 살아가는 데 긍정적인 힘을 가질 수 있게 된단다. 반대로 사람이 들어서 기분 나쁜 말은 오히려 상처를 더 크게 하고.

하나님도 마음을 중요하게 생각하셨는데 성경에 보면 "나는 너의 아픈 마음을 치료하는 하나님이다!"라는 구절이 있단다. 마음을 치료하는 것이 그 사람의 일생을 좌우하는 중요한 일이기 때문에 성경에서도 마음 치유를 중요하게 기록하고 있는 거지.

어떤 말이 기분을 좋게 하고, 어떤 말이 기분을 나쁘게 하는지 잘 모르겠다고? 그렇다면 예를 들어볼게. 친구들끼리는 이름 대신 별명을 많이 부르지. 이때 '뚱뚱이, 먹보, 돼지, 갈비' 등 친구의 단점을 상징하는 나쁜 별명은 좋지 않단다. 나쁜 별명은 자꾸 들으면 그 친구는 마음이 많이 좋지 않을 거야. 기왕이면 장점이 부각되는 별명이 좋겠지. 그러면 그 친구는 자신의 별명을 좋아할 뿐 아니라 좋은 별명을 불러주는 너도 좋아하게 될 거야. 이밖에 "고마워." "좋아." "할 수 있어." "잘했어." 등의 말은 기분 좋은 말이라 할 수 있지.

이제 될 수 있으면 기분을 좋게 하는 말을 하자. 그러면 너에게 좋은 얘기를 들은 친구는 속으로 무척 고마울 거야. 겉으로는 민망할지 몰라도.

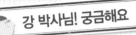

사람의 마음을 연구한 대단한 심리학자 4

아주 옛날에는 사람의 마음에 병이 있다는 것을 생각하지 못했단다. 그래서 사람들은 이상한 행동을 하면 '마녀'이거나 '악마'에 홀린 사람이라 생각했지. 그런 와중에 마음도 병에 걸릴 수 있으며 치료를 하면 나을 수 있다는 것을 밝혀낸 사람들이 있어. 이들이 바로 심리학자란다. 사람의 마음에 병이 있다는 것을 밝혀내고 치료하는 방법을 찾은 위대한 심리학자들을 소개할게.

(1856~1939)

지그문트 프로이트 Sigmund Freud

프로이트는 오스트리아의 정신과 의사이고 정신분석의 창시자야. 프로이트를 빼놓고는 심리학을 말할 수 없을 정도로 프로이트는 위대한 심리학자란다. 많은 심리학 이론들이 프로이트의 연구와 업적에서부터 시작되었으니까.

프로이트는 사람의 머릿속에는 의식의 세계와 무의식의 세계가 있다고 말했어. 그는 빙산을 예로 들어 물 위로 떠오른 빙산은 의식, 물 밑의 빙산을 무의식이라 했지. 의식은 생각하고 하는 행동을 말하는 것이고, 무의식은 자신도 모르게 하는 행동 혹은 습관적으로 아무 생각 없이 하는 모든 행동을 말한단다.

프로이트는 연구를 통해 대부분 이상한 행동(비정상적)을 하는 사람들의 무의식 속에는 깊은 상처가 있으며 이것을 치료해야 새로운 삶을 살 수 있다고 말했어.

이것은 대단한 발견이었단다. 프로이트가 이런 말을 하기 전까지는 그 누구도 무의식이란 세계가 있다는 것을 몰랐으니까.

그러나 프로이트가 모든 걸 다 알고 밝힌 건 아니란다. 그 이후에 훌륭한 심리학자들이 프로이트의 이론을 바탕으로 더 많은 이론과 치료 방법을 알아냈지. 다른 심리학자가 밝혀낸 이론은 나중에 알려 주도록 할게.

칼 구스타브 융 Carl Gustav Jung

(1875~1961)

스위스에서 태어난 칼 구스타브 융(이하 편의상 '융'으로 통일할게.)은 어린 시절부터 예민했고, 심령 현상에 관심이 많았다고 해. 융은 프로이트의 제자이기도 했는데, 나중에 프로이트와 의견을 달리해 따로 나와 '분석 심리학'이란 이론을 창시했어.

이중 가장 유명한 것이 1921년에 발표한 '심리학적 유형론'이야. '심리학적 유형론'은 말부터가 좀 어렵지? 어려울 거야. 간단히 설명하면 사람을 두 가지 유형(내향성, 외향성)과 네 가지 기능(사고, 감정, 감각, 직관)에 따라 성격을 구분한다는 이론이야.

흔히 '어떤 성격이냐' 하고 물어볼 때 외향적이냐 내성적이냐고 물어보지? 두 가지 유형의 내향성과 외향성은 바로 그런 의미를 뜻해.

그럼 사고, 감정, 감각, 직관은 뭘까? 쉽게 말하자면 어떤 문제에 대해 어떻게 생각하고(사고), 어떨 때 감정이 변하고(감정), 어떻게 느끼고(감각), 어떤 상상을 하는가(직관)를 말하는 거란다.

이러한 융의 구분은 심리 치료사가 환자를 상담하고, 진료할 때 상당한 도움을 준단다. 현재는 많은 심리 치료사들이 진료를 할 때 융의 이론을 바탕으로 한단다. 융은 이밖에도 많은 연구를 하여 심리학의 발전에 크게 이바지했단다.

칼 로저스 Carl Rogers

(1902~1987)

칼 로저스는 미국 일리노이주(州) 오크파크에서 태어났어. 심리 치료 역사에 한 획을 그은 아주 중요한 인물인데, 내담자 중심의 상담 요법 또는 비지시 상담의 창시자지. 좀 어렵지?

칼 로저스 이전의 심리 치료사들은 주로 정신과 의사가 많았단다. 그들은 주로 이렇게 하세요, 저렇게 하세요, 이렇게 해야 치료가 됩니다 등과 같이 지시적이고 교육적인 상담을 했단다. 그러다보니 치료자의 권위가 매우 높았고, 치료사가 틀린 치료법을 말해도 그대로 따라야 했지.

그에 반해 칼 로저스는 모든 인간의 내면에 치료의 자원이 있다고 생각했어. 그는 치료하는 사람이 환자의 마음을 진실하게 들어주면 결국 환자 자신이 치료의 방법을 찾게 되어 치료가 된다고 했어. 그래서 상담 요법 이름이 '내담자 중심의 상담', '비지시적 상담', '인간 중심 상담'이 된 거야.

내담자 중심의 치료를 보다 효과적으로 하기 위해서는 무엇보다 치료자, 즉 상담 치료사의 태도가 매우 중요하지. 치료자는 언제나 환자에게 긍정적인 관심을 보여야 한단다.

(1916~1988)

버지니어 사티어 Virginia Satir

미국의 심리학자 버지니어 사티어는 가족 치료 분야의 선구자란다. 사티어는 일찍이 어른들의 삶에 회의를 느꼈는데, 다섯 살 때는 커서 아이들을 힘들게 하는 어른들의 잘못을 고치는 수사반장이 되겠다는 결심을 하였다는구나.

대학을 졸업한 사티어는 초등학교 교사가 되었는데 교사로 일하면서 문제 학생들 뒤에는 문제 가족이 있다는 사실을 발견하고, 학생들의 문제를 해결하기 위해서는 부모가 먼저 바뀌어야 된다는 사실을 알게 되었지. 그래서 가족에 대한 연구를 더 하기 위해 대학원에 들어가 박사 학위를 받았단다.

사티어는 어린 시절에 꿈꾸고 결심했던 것처럼 가족들의 문제를 해결하는 데 있어서 탁월한 능력을 발휘했을 뿐만 아니라 그 방법을 학문적으로 체계화시켰단다. 그중 사티어가 발견한 다섯 가지 의사소통 유형은 지금도 정신분석학에서 중요하게 여기고 있단다. 그것들이 어떤 것인지 한번 살펴볼까?

• 회유형
변명이나 아부를 잘하고 무조건 다른 사람 의견에 동의하거나, 무조건 자기 책임으로 돌리려는 성향을 말해. 이런 사람은 상대방이 원하는 대로 행동하고 다른 사람을 화나지 않게 하려고 노력한단다. 그래서 이런 사람은 언제나 다른 사람들 눈치를 많이 본단다. 이런 회유형인 사람들의 마음에는 상처를 많이 받아 슬픔, 걱정, 분노 등이 가득해.

• 비난형
자기 주장이 강하고 독선적이며 독불장군처럼 명령을 잘하고 모든 잘못을 남의 탓으로 돌리는 유형이란다. 또 참을성이 없고 자신이 제일이라고 생각하지. 다른 사람에게 충성과 복종을 요구하며, 아주 강한 척 행동하고 다른 사람을 무시하지. 주로 하는 말이, "다 네 잘못이야." "넌 뭐가 문제야?" "제대로 하는 것이 없단 말이야." "나에게는 잘못이 없어." 같은 것들이야. 이런 사람들의 마음에는 화가 가득하고, 좌절감, 억눌린 상처, 통제 불능에 대한 두려움, 외로움 등으로 차 있어.

• 초이성형
겉으로는 강하고 뻣뻣하게 보이고 감정을 거의 보이지 않아. 하지만 속은 매우 예민하고 외로움, 소외감을 많이 느끼지.

• 산만형
말과 행동이 일치하지 않고 정서적으로 몹시 혼란스러운 상태를 보여. 모든 사람이 자신을 거부한다고 생각해 고독감에 휩싸여 스스로 가치가 없다고 생각하지. 하나에 집중하지 못하고 감정을 전혀 드러내지 않기도 해.

• 일치형
겉으로 보이는 모습과 생각하는 모습이 일치하는 것을 말해. 매우 솔직하게 의사 소통을 하며, 상대방의 감정과 자신의 감정을 잘 알아차리고 정확하게 말로 표현할 수 있지. 평화롭고, 차분하고, 다른 사람과 자신을 깊이 이해하고 사랑한단다. 가장 성숙한 유형이 바로 일치형이란다.

내가 못났다고 생각이 드니? 마음이 매일 우울하니? 친구들에게 왕따를 당하니?

하루라도 게임을 하지 않으면 마음이 좋지 않니?

이제 두려워할 필요 없어. 원래 사는 동안에는 상처라는 것이 생길 수밖에 없어.

이 상처가 치유되고 아물어지는 과정에서 살아갈 수 있는 힘이 생기고 자신감이 생기지.

자, 엄마의 손을 잡으렴. 그리고 엄마와 함께 건강하게 상처를 치유해 보자.

두 번째 편지

심리학
문제편

01

내 마음이
아파요

"난 이 다음에 크면 대통령이 될 거야."

네가 아주 어릴 때는 이렇게 말했어.

그러나 그 꿈은 곧 바뀌었어. 아마 피아노를 배우기 시작하면서부터였던 거 같아.

"난 세계적인 피아니스트가 될 거야."

하지만 곧 그 꿈도 바뀌었지. 축구 선수, 수의사, 외과 의사 등등…….

이렇게 꿈이 바뀌는 것은 네가 점점 자라고 있다는 증거란다. 그래서 너의 꿈 이야기를 들을 때마다 엄마는 많이 기뻤단다.

그런데 너는 언제부터인가 꿈이 없다고 했어. 아마도 네가 처음 전학했을 무렵이었던 거 같아.

당시 너는 아무 것도 하기 싫어했고, 자주 짜증을 냈고, 뭐든 의욕이 없다고 했어. 그때야 엄마는 너의 마음에 문제가 생겼다는 걸 알았단다.

"엄마, 반 친구들이 나를 따라와서는 돌을 던졌어."

엄마는 너무 화가 났지. 너를 보호해 줄 방법이 있다면 뭐든 해야겠다고 생각했어. 하지만 너는 엄마가 나서길 원하지 않았어. 참고 견디며 이겨내겠다고 했지.

그리고 얼마 후 너는 다시 밝은 얼굴이 되었어. 엄마는 네가 참 기특했단다. 친구들과의 문제를 이겨낸 네 모습이 대견했거든.

하지만 또 몇 번의 전학⋯⋯. 너는 전학을 할 때마다 새로운 학교 환경에 적응해야 했고, 새로운 친구를 사귀어야 했어. 그런 과정들이 너에게는 좋지 않았지. 그래, 많이 힘들었을 거야. 한 번도 견디기 힘든데 몇 번씩이나 같은 스트레스를 받았으니 말이야. 어쩔 수 없는 전학이었지만 엄마는 그때를 생각하면 지금도 네게 미안하단다.

그때 받은 너의 상처는 그대로 마음에 쌓였지. 우울증이란 마음의 병이 생길 때까지 말이야.

우울증으로 인해 빼앗긴 꿈

우울증이 생기면 찬란히 빛나는 꿈들이 어디론가 몽땅 사라지게 된단다. 또 계속해서 더 나쁜 상황만 생기는 것처럼 느껴지기도 하지. 왜냐하면 마음의 병은 희망, 기쁨, 행복같이 좋은 것은 다 삼켜 버리고, 절망, 좌절, 미움, 불행같이 나쁜 것을 마음속에 채우거든.

하지만 마음이 아파서라는 것을 재빨리 알아차리면 나쁜 마음이 생기는 것을 방지하거나 나름의 해결 방법을 모색할 수 있단다.

넌, 꿈이 없다고 했어.
그때야 엄마는
너의 마음에
문제가 생긴 걸 알았어.

꿈을 다 빼앗고 불행하게 만드는 마음의 병도 몸의 병처럼 치료하면 다시 꿈을 가질 수 있게 되니까. 그런데 마음이 아파서 그런 마음이 생긴다는 걸 모른 채 '성격이 나빠서 그렇다', '공부를 열심히 안 해서 그렇다', '못나서 그렇다' 등 자기 자신을 미워하고 자책하면 영원히 병에서 헤어날 수 없게 된단다. 실제로 어릴 적 마음의 병을 그대로 방치한 사람 중에는 나쁜 사람 혹은 더 나쁜 사람이 되는 경우가 제법 많단다. 나쁜 사람은 자기 자신만 불행하게 된 사람이고, 더 나쁜 사람은 다른 사람까지 불행하게 만들고 죄를 뉘우치지도 않는 사람이야.

그렇다면 이미 생긴 우울증은 어떻게 치료하면 될까?

네가 마음이 아파 힘들어할 때 엄마가 어떻게 했는지 기억나니? 엄마는 계속해서 너에게 말을 걸었어. 처음에 너는 말하기 싫어했고, 짜증을 냈지. 하지만 엄마는 인내심을 갖고 계속해서 너에게 말을 걸었어.

"예준아, 오늘 힘들었던 일은 뭐니?"

"……."

"얼굴 표정에 짜증이 많이 난 것처럼 보이는데 무슨 일 있었니? 엄마한테 다 말해 봐. 말하고 나면 시원해질 걸."

"아, 싫어……."

"싫은 거 이해해. 짜증이 나는 것도……. 하지만 엄마는 네가 짜증 났던 이야기를 듣고 싶은 걸."

"애들이 나 놀렸어. 짜증나!"

"그랬어? 애들이 놀렸구나. 정말 짜증났겠다! 그래서 어떻게 했어?"

"응, 놀리지 말라고 했어. 그런데 더 놀리잖아. ……. 주전자라고 놀리고, 돼지라고 놀리고……. 에이씨!"

"아니, 어떤 녀석들이 놀린 거야? 잘생긴 엄마 아들한테! 애들이 놀리면 짜증나지. 당연해. 엄마가 어떻게 도와줄까? 그 애들 찾아가서 혼내 줄까?"

"에이, 그러면 더 놀릴 거야. 내가 해결할게."

엄마에게 심리 치료를 받았던 아이가 그린 그림이야.
엄마 아빠와 행복하게 지내고 싶은 마음이 담겨 있어.

"그래? 네가 해결할 수 있어?"

"응, 내가 해결할 거야."

이렇게 며칠을 보낸 어느날, 네가 먼저 엄마에게 말을 걸기 시작했어. 처음에는 많이 어색한 것 같더구나. 일부러 엄마의 시선에서 얼굴을 살짝 돌렸고, 목소리는 지극히 조심스러웠거든.

"어…… 엄마, 저……저기, 오늘 말이야.……."

그 다음부터 너는 차츰 자연스럽게 엄마에게 말을 건넸어. 엄마와

당신 때문이야.

당신 때문이야.

마음이 너무 아파요.

눈을 마주치고, 아주 밝고 당당한 목소리로 말을 건넸지. 예전 같으면 창피해서 입 밖으로도 꺼내지 않았던 일들에서부터 사소한 마음의 변화까지, 너는 마음에 걸리는 모든 것들을 꺼냈고, 우리는 함께 이야기하면서 너의 마음의 문제들을 해결해나갔어.

　참 신기하지? 엄마가 조금 들어주고 공감하려는 노력을 했을 뿐인데 너에게 이렇게 많은 변화가 생기다니 말이야.

　이제 알았니? 네가 다른 상처 받은 친구에게도 이렇게 하면 친구의 마음이 좋아질 수 있어. 친구의 말에 공감하고, 경청하면 친구의 마음 속 상처가 낫게 되고, 마음의 병이 생기지 않게 된단다.

　엄마는 네가 좋아졌던 것처럼 이제는 네가 다른 사람의 상처를 아물게 해주고 화난 마음을 받아줄 줄 아는 사람이 되었으면 싶구나.

마음의 암, 우울증에 대해 알아볼까?

우울증은 최근에 가장 많이 거론되는 심리적·정신적 질병이야. 백과사전에는 우울한 기분에 빠져 의욕을 상실하고 무능감·고립감·허무감·죄책감·자살 충동 등에 사로잡히는 일종의 정신 질환으로 울증 또는 울병이라고도 한다고 되어 있어.

성인 10명 중 1명은 일생 동안 한 번 이상 우울증을 경험한다고 해. 우울증의 평균 발병 연령은 40세이지만 요즘은 점점 빨라지고 있고.

우울증에 걸리면 괜히 우울하거나 슬퍼지고, 불안해지고, 무슨 일을 해도 재미가 없고 잘 웃지 않게 된단다. 자다가 자주 깨고, 입맛이 없어 먹기 싫어지기도 하고 반대로 음식을 너무 많이 먹게 되기도 하지. 또 평소보다 말수가 적어지고, 만사를 귀찮아하고, 금방 했던 일도 잘 잊어버리고, 집중력도 떨어지게 되고 심지어 어떤 경우에는 소화불량이나 두통, 목과 가슴에 뭔가 걸린 듯한 느낌, 변비나 설사 등의 증세가 나타나기도 한단다. 심지어 몸은 멀쩡한데 아픈 증상만 있을 수도 있고.

우울증을 그대로 두면 망상과 환각을 경험하는 아주 위험한 증상까지 나타나기도 하는데 엄마가 상담 치료했던 가장 많은 마음의 병이 바로 우울증이야. 가장 어린 사람은 7세 남자 아이였고, 가장 나이가 많은 사람은 70세가 넘은 할아버지였단다. 모두 너무 심한 우울증을 가진 환자들이었지.

우울증에 걸렸을 때는 빨리 치료하는 것이 무엇보다 중요해. 그러려면 먼저 '우울증'을 빨리 발견할 수 있어야겠지. 다음은 간단하게 우울증을 체크해 볼 수 있는 표야. 절대적인 것이 아니니까 가벼운 마음으로 테스트해 보렴.

간단하게 우울증 테스트를 한번 해 볼까?

아래 13가지 질문 중에서 5가지 이상 체크됐다면 전문가와 상담을 받아야 한단다. 물론 이것은 절대적인 것이 아니야. 하지만 심각하다고 생각되면 전문가를 찾아가 진단을 받아보고 치료를 받는 것이 좋단다.

간단하게 할 수 있는 우울증 자가진단 검사

- ☐ 외롭다는 말을 자주 한다.
- ☐ 잘 우는 편이다.
- ☐ 자신이 나쁜 일을 저지를까 두렵다.
- ☐ 완전병이 있다.

  완전병은 절대로 할 수 없는 기준을 만들고, 이것을 해내려는 것을 말해. 예를 들면 반에서 꼴등하던 친구가 하루아침에 1등이 되겠다는 목표를 세우는 것 등이지.

- ☐ 자기를 사랑하는 사람이 없다고 불평한다.
- ☐ 남들이 자신을 해치려고 한다는 이야기를 한 적이 있다.
- ☐ 자신이 보잘것없는 존재라고 한다.
- ☐ 신경질적이고 예민하다.
- ☐ 겁이 많다.
- ☐ 자의식이 강하고 쉽게 무안해한다.
- ☐ 남을 의심한다.
- ☐ 불행하다고 생각하고 슬퍼한다.
- ☐ 늘 걱정이 많다.

아, 지긋지긋한 열등감

지금 너의 열등감은 무엇이니? 혹시 엄마 아빠가 너에게 열등감을 심어 준 게 있니?

엄마의 상담실을 찾아온 아이 중에 10살 된 남자아이가 있었어. 그 애의 엄마는 그 애가 아주 어렸을 때부터 이런 말을 했다고 해.

"윗집 애를 봐. 걔는 얼마나 공부를 열심히 하고 말도 잘 듣는지 몰라. 너는 그게 뭐니? 제대로 하는 게 없어."

"형 좀 봐. 저렇게 의젓하고 집중도 잘하잖니? 너는 도대체 산만하기만 하고 여기저기 어질러 놓고. 에구, 칠칠맞기는……."

아이의 엄마는 언제나 다른 아이와 자신의 아이를 비교했어. 그러다 보니 아이는 자기도 모르게 다른 사람보다 못났다는 생각을 마음 깊이 새기게 되었지. 그래서 항상 열등감이 많았어. 원래 열등감이 많은 사람은 자신을 부끄럽게 여기기 때문에 자신감 있게 발표도 못하고 자신의 생각을 논리적으로 표현하지 못하는데, 그 아이도 마찬가지였어. 그 아이는 항상 주눅 들어 있었고 열등감이 너무 커서 뭐든지 제대로 할 수가 없었어.

사람은 누구든지 자신만의 재능을 타고 태어난다. 그런데 열등감이 있으면 그 재능을 발휘할 수 없게 되지. 이 열등감이 해결되어야 자동적으로 자신감이 생겨서 자신의 꿈을 마음껏 펼칠 수 있는데 말이야.

열등감은 자기의 단점이나 약점이 드러나는 상황이 생기면 불안과 공포를 느끼게 하고, 자꾸만 그 상황에서 도망치게 한다. 학교에서 공부를 못하는 학생이 학교 이야기만 나오면 피하는 것과 같은 이치일 거야.

또 열등감은 모든 일 앞에서 소극적으로 대처하게 만들기도 하지. 적극적으로 나서기보다 주저하는 것이지. 어쩌면 이런 모습이 다른 사람에게는 겸손한 태도로 보일 수도 있겠지만(때로는 오히려 더 당당하게 보이기도 하지만) 그건 겉모습만 그럴 뿐이야. 마음속으로는 항상 불안하고, 다른 사람을 견제하고 질투한다. 그림형제의 동화 ≪백설공주≫의 새어머니인 왕비처럼 말이야. 왕비는 백설공주의 젊음과 아름다움에 열등감을 느끼고 질투를 했어. 그래서 그렇게도 백설공주를 미워하고 괴롭힌 거지.

자, 그럼 이번에는 열등감이 생기면 어떻게 되는지 구체적으로 알아볼까?

✦ 다른 사람이 자신을 무시할까 싶어 전전긍긍한다.

✦ 사람들을 두려워하고 무엇을 하든 실패할 것이라 생각한다.

✦ 피해의식으로 인해 친구들이 자기를 욕할 것이라 생각한다.

- ✦ 사람들로부터 인정받기 위해 너무 심하게 우쭐대기도 하고 오버한다.
- ✦ 공부를 해도 자신은 성적을 올릴 수 없을 것이라고 믿는다.
- ✦ 너무 못생겼거나 장애가 있다고 생각한다.
- ✦ 공부도 못하는 바보라고 생각한다.

열등감을 없애려면 먼저 열등감이 어디서부터, 또는 누구로부터 시작되었는지 알아야 된단다.

열등감의 원인을 알아내고 그것을 극복하려고 노력을 하면 열등감을 없앨 수 있거든. 즉 공부를 못해서 열등감이 생겼으면 공부를 잘할 수 있다는 자신감을 갖고 열심히 노력하면 된단다.

그런데 만약 우울증 때문에 생긴 열등감이라면 우울증을 먼저 치료해야겠지. 우울증을 놔 둔 채 열등감을 없애려고 하면 우울증을 통해 열등감이 흘러나오기 때문에 열등감이 결코 없어지지 않아.

예준아. 혹시 너만 열등감을 갖고 있다고 생각하지는 않니? 그러나 사람은 누구나 열등감을 가질 수 있단다. 엄마도 그런 적이 있었고, 많은 사람이 의외로 열등감을 가졌던 경험이 있단다. 훌륭한 사람 중에는 열등감을 극복하고 훌륭하게 된 경우도 많이 있단다. 공부를 못해서 열등감을 가진 사람이 열심히 공부하여 좋은 대학에 합격하기도 하고, 말을 더듬던 사람이 열심히 말하는 연습을 해서 최고의 연설가가 되기도 했지. 옛날 그리스 최고의 변론가로 꼽히는 데모스테네스라는 사람이 대표적인 경우야.

데모스테네스는 아테네의 10대 웅변가(당시 아테네에서는 웅변이 지도층이 되기 위한 꼭 필요한 덕목이었어)로 널리 알려져 있어. 그는 선천적으로 말을 잘하는 사람이 아니었어. 태어날 때부터 지독한 말더듬이였고, 호흡기가 약해서 몇 마디 말만 해도 숨이 차서 말을 잘할 수 없었다고 해.

데모스테네스는 자신의 단점을 극복하기 위해서 열심히 노력을 했어. 가파른 언덕을 뛰어오르며 발성 연습을 했고, 책을 소리 내어 읽었지. 하지만 이번에는 무대공포증이 문제였어. 열심히 준비하고 무대에 서지만 무대에만 올라가면 긴장감으로 말을 더듬거렸던 거야. 그러나 그는 포기하지 않았어. 더 이를 악물고 열심히 연습했지.

긴장을 하면 한쪽 어깨가 올라간다는 걸 알고 무대에 올라갈 때 천장에 칼을 매달아 어깨가 올라가면 칼날이 자신의 어깨를 베게 만들기까지 했단다. 아주 극단적인 방법이기는 하지만 그는 이런 노력 끝에 버릇을 고칠 수 있었어. 결국 그는 말더듬이 데모스테네스에서 아테네 10대 웅변가 데모스테네스가 되었어. 꾸준한 노력으로 선천적인 악조건을 바꾼 거지.

미국의 유명 작가이자 연설가인 헬렌 켈러는 19개월 때 뇌척수염으로 추정되는 병에 걸린 이후로 보지 못하고, 듣지도 못하고, 말하지도 못하는 세 가지의 장애를 가지게 되었어. 열등감이 얼마나 심했겠니? 그런데 헬렌 켈러는 장애를 극복하고 대학에 입학하여 학사가 되었고, 자신처럼 장애를 가진 이들을 위해 좋은 일을 많이 했지.

열등감을
뛰어 넘는 사람이
훌륭한 사람이 돼!

인지 행동 요법
부정적 생각을 긍정적인 생각으로 바꾸는 것이 인지 요법, 올바른 생각을 바탕으로 긍정적으로 행동할 수 있게 도와주는 것이 행동 요법. 생각과 행동의 잘못된 습관을 바꾸는 것을 인지-행동 요법이라고 한단다.

인지
사물을 바라보는 방식, 지각과 태도, 신념 등을포함한 개념을 말해.

시각 장애인이면서 미국 백악관의 정책 차관보를 지낸 강영우 박사는 눈이 보이지 않는 열등감을 극복하고 열심히 공부해서 한국인이면서도 미국 백악관에서 일을 하는 훌륭한 인물이 되었단다.

그렇지만 열등감을 말처럼 극복하기는 분명 쉽지 않단다. 그래서 열등감 증세가 심한 경우는 심리 치료 기법 중 하나인 인지 행동 요법이 좋은 치료가 되기도 한단다.

인지 행동 요법이라고 하니 너무 어려운 말이지? 엄마가 쉽게 설명해 볼게.

사람의 모든 기분과 감정은 '생각(인지)'에 의해 만들어진단다. 그것은 어떤 생각을 가지고 상황을 바라보느냐에 따라 행동이 달라진다는 거야. 즉, 내가 어떤 행동을 했을 때 그 행동을 일으킨 것은 나의 생각에서 비롯된 것이므로, 생각을 바꾸면 행동도 바꿀 수 있다는 거야.

별 일 아닌데도 괜히 걱정하고, 당장 무슨 일이 생긴 것도 아닌데 미리 앞당겨서 걱정하고, 자신은 언제나 부족하다고 생각하는 나쁜 생각의 습관을 마음만 먹으면 좋은 생각의 습관으로 바꿀 수 있다는 거야.

유재석 아저씨도 무대 공포증이 있었다?

자, 그럼 직접 해볼까?

먼저 너는 아무 것도 할 수 없다고 생각하니? 그럼 너에게 "난 무엇이든 할 수 있어!"라고 말해 주자. 그리고 뭐든 열심히 해보자. 물론 처음에는 쉽지 않겠지만 꾸준히 하면 할 수 있어. 그러다보면 너는 어느새 아주 멋진 아이가 되어 있을 거야.

마음먹은 대로 되지 않을 거 같다고? 엄마는 그렇게 생각하지 않아. 사람은 마음먹은 대로 할 수 있는 놀라운 존재란다. 대신 마음만 먹을 게 아니라 자신의 목표를 이룰 때까지 노력을 열심히 해야 하지. 우리나라 최고의 국민 MC 유재석 아저씨는 무대에서 사람을 웃겨야 하는 개그맨인데도 불구하고 무대 공포증이 있었어. 원래 친구들 사이에서 꽤 웃기는 아이로 통했던 유재석 아저씨는 누구보다 자신감이 있었고, 개그맨으로 성공할 수 있을 거라 굳게 믿었대.

하지만 무대에 선 아저씨는 가슴이 울렁울렁 뛰어서 말을 더듬거렸고, 실수를 남발했어. 무대에 서야 하는 개그맨이라는 직업을 가진 사람에게 무대 공포증은 치명적인 결점이었던 거지. 이런 치명적인 약점 때문에 아저씨는 무대에 설 기회를 잃고 말았어.

하지만 유재석 아저씨는 비록 무대에 오르지 못하고 모두가 외면해도 혼자 열심히 연습했고 작은 역할이라도 최선을 다했단다. 개그맨이 된 지 처음 10년 동안 아저씨는 사람들에게 주목받지 못했지만 단 한 번도 포기하지 않았어. 언젠가는 잘할 수 있을 거란 생각으로 열심히 노력했던 거야.

유재석 아저씨가 이후 어떻게 되었는지는 말 안 해도 잘 알지? 전 국민의 사랑을 받는 국민 MC가 되었지. 유재석 아저씨는 이런 얘기를 했어. "지금의 나를 만든 건 10년의 어려웠던 시절이다."라고.

공부를 못해서 학교에서 늘 열등감에 빠져 있니? "나는 공부를 잘할 수 있어." 라고 계속 말해. 그런 다음 목표를 세우고 매일 계획을 세워서 공부하는 습관을 길러보렴. 그럼 어느새 공부를 잘하는 학생으로 변할 수 있을 거야.

스스로 '난 못해'라고 생각하기 때문에 정말로 할 수 없는 것이란다. '난 할 수 있어'라고 생각하고 말하면 행동으로 옮기기가 쉽고 정말로 무엇이든 할 수 있게 되거든.

이제, 너 자신에게 이렇게 말을 해.

"난 이제부터 열등감을 극복할 거야. 난 자신감을 가질 거야. 난 내가 좋아. 난 나를 존중하고 있어!"

엄마,
이렇게 도와주세요

열등감에 빠진 아이에게는 매일 매일 장점 하나씩 찾아 주세요

이미 생긴 열등감은 빨리 해결해 주어야 합니다. 열등감이 많은 아이들에게 자꾸 꾸지람을 하면 열등감이 더 심해집니다. 열등감이 많은 자녀에게는 매일매일 숙제하듯 엄마가 자녀의 장점 하나씩을 찾아내 말해 주세요.

"우리 OO이는 글씨를 참 예쁘게 쓰는구나."

"아, 엄마가 몰랐는데 옷을 깨끗하게 잘 걸어놓는구나."

"스스로 할 일을 잘하고 있구나."

"00이는 참 예쁘구나."

"우리 아들이 참 잘생겼구나."

"목소리도 참 좋구나."

이때 주의해야 할 점은 아이가 받아들일 수 없는 과도한 칭찬이나 누구와 비교하여 말하는 칭찬은 금물입니다. 예를 들면 다음과 같은 것들이죠.

"00이는 세상에서 제일 똑똑한 아이니까 이번에 백점 맞을 수 있을 거야."

"넌 반에서 제일 멋진 아이야."

"옆집 애는 만날 엄마를 속상하게 하던데 우리 00이는 참 착한 아이야."

"아유, 착하지? 정말 엄마 말 참 잘 듣는 착한 아이구나."

칭찬을 통해 자녀를 지배하려는 엄마의 태도는 은연중에 아이들의 반발심을 사게 되고 오히려 부작용이 일어납니다. 열등감을 없애기 위해서는 평소에 아이가 하는 말과 행동을 유심히 새겨두었다가 그 반대되는 개념의 말을 진심을 담아 전달하는 것이 도움이 됩니다. 예를 들면, 항상 외모에 대한 열등감을 느끼는 아이에게는 외모를 하나씩 칭찬해 줌으로써 왜곡된 사고를 바로잡고 인식을 전환시켜주는 대화가 필요합니다.

불안 장애에 대해 알아볼까?

불안 장애는 이유 없이 불안을 느끼거나 불안의 정도가 지나친 정신 장애를 말해. 우울증과 불안증은 항상 붙어 다닐 만큼 흔한 심리적 증상이란다.

불안할 필요가 없는 상황에서도 이상할 정도로 지나치게 불안한 경우가 불안 장애에 속하지. 일반적으로 불안 장애에 걸리면 환자들은 안절부절 못하고 짜증을 잘 내며 예민하단다. 또 닥치지도 않을 위험을 걱정하고 최악의 사태만을 상상하는 경향이 있어.

'기우'라는 말이 있단다. 하늘이 무너질까봐 걱정하는 것. 정말로 불안 장애가 심한 사람은 모든 상황에서 이해할 수 없는 불안을 느낀단다. 또 심장이 빨리 뛰거나, 소화가 잘 안 되고 배가 자주 아프거나 머리가 심하게 아프거나 잠이 오지 않는 증상이 자주 나타나기도 한단다.

불안 장애에 걸리면 불안을 일으키는 원인을 찾아서 없애 주어야 해. 자꾸 야단을 치거나 비난하면 오히려 좋지 않은 결과를 낳을 수 있거든. 불안 장애의 대표적인 장애는 다음과 같은 것들이 있어.

• 공황 장애 예민해지고 호흡 곤란 증세가 나타나기도 하고, 심장에 압박감이 느껴지기도 하고, 심한 현기증이 나서 쓰러질 수도 있어. 너무 큰 불안과 불안을 넘어선 공포가 마음에 채워질 때 이런 증세가 나타난다고 해.

• 강박 장애 주방의 가스 밸브를 잠그지 않은 것 같아 수십 번 확인하고, 자신의 몸에 세

균이 많다고 느껴져 피부가 벗겨질 정도로 씻는 등의 강박적 행동을 하는 경우가 여기에 해당된단다. 강박 증상이 심한 학생들 중에는 책장을 넘기지 못해서 성적이 자꾸 떨어지는 경우도 있어. 앞에 공부한 것을 잊어버릴까 봐 뒷페이지를 넘기지 못하기 때문이지.

이런 증세가 있는 사람에게는 이해와 배려와 사랑이 그 어느 때보다 절실히 필요하단다. 빨리 이런 증상을 치료하지 않으면 점점 더 강박적으로 되기 때문이지.

• 외상 후 스트레스 장애 충격적인 사건이나 사고를 경험한 후 심한 신체적, 심리적, 감정적 스트레스를 겪었던 사람에게 나타나는 불안 장애를 말하지.

전쟁을 경험한 군인이나 천재지변에서 살아난 사람들에게서 주로 나타나는데, 늘 불안하고 때로는 죽을 것 같은 공포를 느낀단다. 우울증이나 조울증, 심한 불안과 집중력 장애가 일어나고 심한 경우에는 환각이나 환청 같은 무서운 증상이 나타나기도 해. 이런 사람들은 밤에 불을 끄고 잠을 자지도 못한단다. 또 비슷한 공포가 닥쳤을 때 매우 공격적으로 변하거나 충동적인 행동을 보이기도 하고.

03

내가
너무 싫어요

"에잇, 나 같은 건 죽어야 해!"

"나 자살할 거야!"

어느 날 네가 힘들 때 이런 말을 하더구나. 너는 그냥 농담으로 한 말이 겠지만 엄마는 깜짝 놀랐단다. 이런 말은 농담이라도 절대 해서는 안 되는 말이란다.

'자존감'이라는 말이 있어. '스스로 자신을 존중하는 마음'이라는 뜻이지. 이 자존감은 훌륭한 인격체로 성장하는 데 꼭 필요한 요소란다. 자존감이 높은 사람과 자존감이 낮은 사람은 하늘과 땅 만큼이나 차이가 나는 삶을 살기 때문이지. 예를 들어 볼까.

자존감이 높은 아이들은 목표만큼 성적이 안 나오면 당당하게 이렇게 말해.

"이 다음에는 더 열심히 해서 목표 점수에 도달할 거야. 난 그럴 수 있어!"

자존감이 높은 아이들은 힘든 일이 생겼을 때도 자기 스스로를 격려한단다.

"나는 이겨낼 수 있어. 나는 잘할 수 있어!"

그러나 자존감이 낮은 아이들은 똑같은 상황에서 이렇게 생각해.

"에이, 해도 안 되잖아. 이제부터 공부 안 할 거야."

"이렇게 힘든 일이 생겼으니 이겨낼 수 없어. 난 이제 끝난 거야!"

너는 둘 중에 어느 쪽이 가까울까?

형수는 우울증이 심해서 자살하려고 했던 18살 고등학생 형이야. 엄마 진료실을 처음 찾아왔을 때 형수는 멍한 표정이었단다. 어떤 말을 해도 대답을 하지 않았지. 알고 보니 형수의 아빠는 형수가 아주 어렸을 때부터 심하게 때리고 비난하는 말을 했다고 해.

"머저리 같은 놈, 물 하나를 똑바로 못 떠 와?"

"바보 같은 놈, 머리도 나빠서 공부는 할 수 있을까? 아직 구구단도 못 외우고 말이야."

그러다보니 형수는 자신이 어려서부터 정말로 바보 멍청이라고 굳게 믿고 있었다고 하더구나.

형수를 처음 만났을 때 엄마는 깜짝 놀랐단다. 비록 얼굴이 창백하고 흐린 눈빛에 표정이 몹시 어두웠지만, 정말 잘생기고 품성이 따뜻한 아이였거든. 나중에 보니 지능도 꽤 높은 편이었고 다른 재능도 많이 갖고 있었지.

자존감은
스스로를 사랑하고,
존중하는 마음이야.

63

그런데 형수는 어려서부터 아빠에게 들었던 말이 뼛속 깊이 박혀서 전혀 다른 사람으로 살고 있었던 거야.

"형수야, 너에게만 있는 좋은 점이 나한테 보이는데, 어떻게 생각하니?"

"그게 뭔데요?"

"다른 사람을 배려하는 태도와 말투, 그리고 착한 마음씨."

"전 안 착해요. 자꾸 화내고, 말도 착하게 안 해요."

"네가 지금 어떤 모습이든 내게는 보여. 너의 좋은 점이……."

"…………."

처음에는 엄마가 아무리 자신의 장점을 말해도 형수는 아니라고 거부했어. 자존감이 없어져 버린 거지.

그도 그럴 것이 사람은 원래 어릴 때 듣는 말을 자신도 모르게 마음 속 깊이 새기고, 그대로 믿는 경향이 있거든. 그 말이 제아무리 엉터리라 해도 말이야.

이렇게 남으로부터 좋지 않은 말을 들어 자존감이 없어진 아이들은 아무리 타고난 재능이 뛰어나도 남들에 비해 뒤쳐지게 되고, 매사 비관적이 된단다. 또 자꾸 우울하고 외롭다고 여기게 되지. 왜냐하면 자신을 하찮은 벌레처럼 여기기 때문이야. 자신이 존귀하고 사랑스럽고 능력 있는 존재라는 것을

도저히 알 수 없게 되는 것이지.

"네가 받은 상처 때문에 네 자신의 장점이 안 보이는 거야. 나한테는 다 보인단다. 네가 아무리 숨기려 해도 보여."

"정말 보이세요? 저한테도 장점이 있어요?"

"그럼. 넌 그런 상처를 받았는데도 항상 다른 사람을 생각해주고 배려해 주려고 했어. 기억나니?"

"네……, 그랬던 것 같아요."

"그래서 네가 더 힘들었던 거야. 이제부터는 네가 원하는 것이 무엇인지 생각하고, 다른 사람이 아닌 너를 위해 행동해 봐."

"그래도 돼요?"

"그럼. 그래도 돼. 네가 듣고 싶어 하는 말, 엄마 아빠한테 요구해도 돼. 하고 싶은 말은 마음에 담아두지 말고."

"아……!"

"네 상처가 다 치유되고 나면 너의 장점이 더욱 빛이 날 거야. 넌 정말 훌륭한 사람이 될 거야."

형수는 시간이 지나면 지날수록 점점 마음의 변화를 일으켰어. 드디어 자기의 장점을 알아볼 수 있게 된 것이지. 자기의 장점을 알게 되자 형수는 전과는 다른 형수가 되었어. 어둡고 말이 없었던 형수에서 밝고 웃을 줄 아는 형수가 된 것이지. 자신을 어떻게 생각하느냐에 따라 모습이 크게 달라지니 참 신기하지?

사실 엄마는 자존감이 없어진 아이의 마음을 누구보다 너무나도 잘 이해한단다.

사람에게는 누구나
재능이 있단다.
그 재능을 사용하느냐,
안 사용하느냐의
문제이지.

남아 선호 사상
여자 아이보다 남자 아이를 선호하는 성 차별적 사상.

엄마도 그랬었거든. 나의 어머니 그러니까 예준이의 외할머니는 다혈질이고 화를 잘 내는 분이셨어. 게다가 남아 선호 사상이 투철하셨지. 그래서 엄마는 딸이라는 이유로 조금만 눈밖에 벗어나도 심한 욕설과 매질을 받아야만 했어.

외할머니가 화가 났을 때면 항상 엄마에게 하는 말이 있었어.

"딸은 소용없어. 계집애가 무슨 소용이야? 아들이 최고야!"

"방구석이 이게 뭐야? 이런 거 하나 제대로 못 치워? 멍청한 것, 이 밥통!"

이 말은 엄마의 마음을 병들게 했단다. 그래서 오랜 시간에 걸쳐 그 병을 치료해야만 했단다.

네 마음속 깊은 곳에 소망을 키워 보렴. 작은 소망 하나가 너의 미래는 희망과 행복으로 가득 차게 도와줄 거야. 엄마는 그렇게 굳게 믿고 있어.

원래 하나님은 모든 사람에게 재능을 주셨고, 모든 사람은 그 재능을 발휘하면서 행복하게 살 수 있는 권리가 있단다. 그런데 그 재능이라는 것은 사용하지 않으면 결국 사라지게 된단다. 그런데 많은 사람은 자신의 재능이 무엇인지조차 모르고 살곤 하지. 따라서 자신의 장점 혹은 재능을 찾는 것은 매우 중요해.

그렇다면 자신의 장점 또는 재능을 찾으려면 어떻게 해야 할까?

누구보다 자신을 사랑해야 해. 자신을 사랑하는 마음에서 자신감이 생긴단다. 자존감은 힘든 일이 있을 때 우뚝 설 수 있는 힘과 용기를 주지. 그리고 긍정적인 미래를 만드는 중요한 밑거름이 된단다.

엄마는 네가 자존감이 높은 사람이 되길 바란단다. 그래서 네 안에 잠재되어 있는 재능을 찾아내 마음껏 발휘하고, 그 재능으로 많은 사람들을 유익하게 하고, 이 세상을 밝고 행복하게 만드는 그런 사람이 되었으면 좋겠다.

아이의 자존감을 키워 주세요!

자존감이 낮은 것은 이미 자라는 동안 마음의 상처가 많이 생겼다는 증거입니다. 그러므로 낮은 자존감을 올려 주려면 우선 아이들의 연약한 마음에 새겨진 상처가 치유되어야 합니다. 부모가 자신도 모르게 했던 부정적인 피드백이나 비난 섞인 말 대신, 아이의 자존감을 키워 주는 말을 끊임없이 해 주어야 합니다. 그리고 미안하다고 해야 합니다. 진심 어린 사과와 자녀의 마음에 대한 공감적 태도는 자녀의 상처를 속히 아물게 하지요.

서둘러야 합니다. 아이들이 더 자라기 전에 속히 엄마가 치유자가 되어야 합니다. 많이 성장한 이후에는 엄마의 부드러운 말조차도 반항하는 이유가 되기 때문이죠. 너무 늦기 전에 상처가 치유되도록 도와주고, 부정적으로 형성된 자아상을 바로 보게 도와주세요. 그러면 자존감이 높아지게 됩니다.

그렇다고 너무 성급하게 서둘러서는 안 됩니다. 상처가 시간을 두고 서서히 쌓여지듯, 치유도 천천히 한 걸음씩 이루어져야 합니다. 엄마는 언제나 아이들의 긍정적인 변화를 믿고 기대하며 기다려 주어야 합니다.

울면
안 되나요?

04

"남자는 일생에 세 번 울어야 한다. 태어났을 때, 나라를 잃었을 때, 부모님이 돌아가셨을 때."

우리나라는 예로부터 우는 사람은 나약한 사람이라 하여 우는 것을 금기시했단다. 특히 남자는 일생에 세 번만 울어야 한다며 절대 울면 안 된다고 했지. 하지만 엄마는 남자든 여자든 사람은 울어야 된다고 생각해.

엄마는 남자인 네가 눈물이 많은 사람이 되길 원한단다. 눈물을 흘리는 사람은 눈물과 함께 좋지 않은 마음을 남김 없이 함께 흘리기 때문에 부드러운 사람이 될 수 있단다. 또 눈물은 마음에 상처가 났을 때 그것을 치료해 주는 성분이 있어서 빠르게 낫게 해 주기도 하지. 그러니까 눈물은 좋은 마음의 치료약이란다.

심리 상담 전문가인 엄마를 찾아오는 환자의 대부분은 우울증이나 불안증 증세가 심한 환자야. 이 환자들은 엄마 앞에 앉으면 눈물을 쉴 새 없이 흘리는 사람과 눈물을 한 방울도 흘리지 못하는 무표정한 사람, 이렇게 크게 두 부류로 나뉜단다. 사실 대부분의 사람들은 엄마 앞에 앉으면 하염없이 눈물을 보이는데 아마도 자신의 마음을 알아주는 사람을 만났다는 기쁨과 그동안의 고통이 머릿속에 떠올라서일 거야.

하지만 눈물이 없고 차갑고 무표정하게 자신의 아픔을 표현하는 사람도 있어. 이런 사람을 보면 엄마는 마음이 아프단다. '어쩌다 눈물을 못 흘리게 되었을까' 라고 말이야. 그래서 물어보면 놀랍게도 대부분은 울음을 금기시하는 집안에서 자랐다는 것을 알 수 있어. 그들은 모두 우는 것은 나약하다는 증거이고, 울음은 나쁜 것이라 배웠다고 했어. 그래서 눈물이 쏟아질 정도로 울음이 터져 나와도 무조건 참고 또 참았다는 거야.

"사내자식이 울긴 왜 울어."

"계집애같이 찔찔 짜기는."

"우는 건 나약한 거야. 울지 마."

"남자는 일생 동안 세 번만 우는 거야."

"뚝 그쳐. 울면 선물도 안 줄 거야."

"우는 애들은 경찰 아저씨가 잡아가."

하지만 이런 말들은 좋지 않은 말이란다. 눈물을 참으면 그 눈물이 썩어서 마음속에 오래도록 고여 있게 되고 우울증 같은 마음의 병을 일으키거든.

울어도 괜찮아

울음은 엄마를 치료해 주었단다. 엄마는 매일 소리내지 않고 펑펑 울었다. 울음이 엄마의 마음 속 깊이 숨어 있는 고통, 외로움, 슬픔을 씻어내 주었단다.

엄마의 부모님은 참 많이 싸우셨어. 특히 엄마의 엄마 즉, 너의 외할머니는 분노가 가득 찬 분이었는데 그 분노가 폭발하여 소리를 지르면, 엄마는 숨을 쉴 수도 없을 만큼 공포에 떨었어. 어린아이는 부모의 싸우는 모습을 보면 심한 불안과 공포를 느낀단다.

부모님의 잦은 싸움으로 거의 매일 공포를 느껴야 했던 엄마는 결국 우울증에 걸리고 말았어. 매일 죽고 싶었고, 아무런 꿈도 없었고, 사람들과 만나는 것도 꺼렸었지.

이때 엄마를 살린 아주 강력한 것이 하나 있었어. 바로 '우는 것', 즉 눈물을 펑펑 흘리는 것이었단다. 그때 엄마네 집은 아주 가난해서 단칸방에서 다섯 식구가 함께 지냈단다. 울고 싶어도 큰소리로 실컷 울 수도 없는 환경이었지. 그래서 엄마는 소리 내지 않고 우는 법을 개발했단다. 몸을 최대한 웅크리고 베개로 입을 막고 눈물만 하염없이 흘리는 것. 그것이 바로 엄마가 생각해 낸 우는 법이었어.

그때 엄마는 24시간 온통 '울음'과 같이 지낸 것 같아. 잠들기 전에도 울고, 자면서도 울었어. 눈물을 펑펑 흘리면서 말이야. 얼마나 울었는지 아침에 일어나서 보면 베개가 흥건히 젖어서 쥐어 짜면 물이 뚝뚝 떨어질 정도였단다. 정말 불쌍했지? 하지만 엄마의 눈물은 그렇게 나쁘지 않았어. 엄마의 눈물은 마음속 깊이 숨어 있는 고통과 외로움, 슬픔을 씻어내는 일종의 치료제 역할을 했으니까.

열세 살짜리 수미라는 아이가 있었어. 수미도 열세 살 때의 엄마처럼 애처롭고 슬픔이 가득한 아이였어.

처음에 수미는 울지 못했단다. 온몸이 눈물로 가득한 것처럼 보였지만 눈물을 한 방울도 흘리지 않았지. 그저 불안한 눈동자만 두리번거리며 엄마를 한 번씩 노려볼 뿐이었어.

눈물 속에는
상처를 낫게 하는
약이 들어 있어.

수미는 왜 그렇게 되었을까?

수미의 엄마는 수미가 술에 취한 아빠로부터 수없이 맞았다고 했어. 수미는 물론 수미의 엄마도 마찬가지였고. 그럼에도 불구하고 그동안의 수미는 말썽 한번 일으킨 적 없는 모범생이었대. 그런데 어느 날부터 수미가 달라졌다는 거야. 시도 때도 없이 심하게 짜증을 내거나, 방 안의 물건을 집어 던져 부서뜨렸다는 거야. 또 며칠씩 방안에서 나오지 않기도 했는데, 한번은 아빠가 방문을 부수고 들어가 보니 수미가 침대 모서리에 주저앉아 꼼짝도 하지 않고 뭔가를 노려보고 있었다는구나. 그때야 수미의 엄마는 수미의 마음에 문제가 있다는 것을 알고 상담실을 찾게 되었다고 했어.

엄마는 수미에게 물었어.

"수미야, 운 적 있니?"

그러자 놀랍게도 수미는 아주 간단하게 "울지 않아요. 울면 지는 거잖아요."라고 대답했어.

수미는 울면 모든 게 무너질 것 같은 두려움으로 눈물을 가두어 버린 거야. 울면 지는 것이라 생각하고 이를 악물고 열심히 공부했고, 모범생으로 살려고 끊임없이 노력한 거지. 그런데 너무 감정을 억누르다 보니 문제가 생겨 버리고 말았어. 마음속 깊은 문제가 기어이 터져 버린 거지. 마치 카운트다운하고 있던 폭탄이 터진 것처럼.

조금씩 마음에 상처를 입으면 그때마다 눈물을 흘리고 누군가에게 말로 표현해서 상처를 없애야 하는데 수미는 그걸 못했던 거야. 처음부터 그런 건 아니었을 텐데. 상처로 인해 마음의 문이 닫히고, 그래서 상처를 꼭꼭 가두게 된 거고, 눈물을 흘리지 못하게 된 거지.

수미에게 필요한 건 마음을 알아 주고 슬픔을 이해해 주는 것이었어. 상담실에서 엄마는 거의 매일 찾아온 수미의 두 손을 조용히 잡아 주며 자신의 이야기를 할 수 있을 때를 기다렸어. 수미가 선생님인 이 엄마를 자신의 상처를 보여도 괜찮을 것 같은 사람이라고 여기게 되는 때를 말이야.

그러던 어느 날이었어. 전과 다르게 조금은 편안해진 표정으로 상담실 문을 열고 들어오는 것을 보고 엄마는 이제는 수미가 엄마를 신뢰하고 있다는 생각이 들었어. 그래서 말을 건넸지.

"수미는 왕따였구나. 아무도 수미를 신경 쓰지 않았구나. 그래, 그래서 힘들었을 거야. 선생님은 알아. 그 마음을. 선생님도 그랬었거든. 그래서 많이 힘들었어."

이 말이 끝나자 수미는 펑펑 눈물을 쏟아내며 울기 시작했어. 이렇게 수미는 며칠을 울기만 했어. 그리고 또 며칠이 지나자 드디어 마음

조금씩 마음에 상처를 입으면 그때마다 눈물을 흘리고 누군가에게 말로 표현해서 상처를 없애줘야해.

속 깊이 묻어 두었던 이야기를 풀어냈지.

"선생님 말대로 저는 집에서 왕따였어요. 아무도 저를 돌보아 주지 않았어요. 아빠는 술만 먹으면 저를 때렸어요. 엄마는 매일 일을 나가 셔서 얼굴 보기도 힘들었어요. 엄마의 마음에는 제가 없어요. 그래서 공부를 열심히 하고, 바르게 생활하면 엄마 아빠가 저를 사랑하실 줄 알았어요. 아빠가 때리고, 엄마가 저를 봐주지 않는 건 제가 미워서니까요. 하지만 아무리 열심히 노력해도 아무것도 변하지 않았어요. 엄마와 아빠는 계속 저를 미워했어요."

수미는 자신의 마음이 얼마나 아픈지, 왜 아픈지, 뭐가 이렇게 힘들게 했는지 이야기했어. 사랑이 부족했던 수미는 부모님의 사랑을 받으려고 정말 많은 노력을 했어. 하지만 부모님에게 바라던 사랑을 받지 못하자 어릴 때부터 마음속에 가둬 두었던 상처가 드디어 폭발하고 만 거지. 우리는 그 문제에 대해 서로 이야기를 나누었어. 엄마는 수미의 부모님이 수미를 미워한 게 아니라 사랑을 표현하는 방법을 몰랐던 거라 이야기해 주었고, 수미는 부모님이 어떻게 해 주면 좋겠다는 소망 등을 이야기했지.

살아가면서 상처를 전혀 받지 않고 살 수는 없단다. 그때마다 억누르거나 피하지 말고 정면 돌파해. 그리고 눈물을 참지 마! 눈물이 나면 마음껏 흘려야해.

어느 날 수미는 밝은 얼굴을 회복했어. 열세 살다운 미소를 지었고, 꿈도 생겼다면서 생기 있는 목소리로 말을 하기도 했지. 이제는 이별을 해도 될 것 같았어. 서운하기는 하지만 그래도 이런 이별은 좋은 이별!

엄마는 마지막 치료 시간에 수미에게 이렇게 말했어.

"수미야. 이제부터는 억누르지 말고 항상 눈물을 흘리렴. 눈물을 흘리고 상처를 쌓아 두지 않으면 다시는 이런 병에 걸리지 않을 거야. 살아가면서 상처를 전혀 받지 않고 살 수는 없단다. 그때마다 억누르거나 피하지 말고 정면 돌파해. 그리고 눈물을 참지 마! 눈물이 나면 마음껏 흘려야 해. 알았지? 그러면 수미는 곧 아름다운 숙녀로 자라서 재능을 마음껏 펼칠 수 있게 될 거야. 언젠가 우리 멋진 모습으로 다시 만나자!"

엄마의 말에 수미는 환하게 웃으며 말했어.

"선생님, 고맙습니다! 제가 아직 어리지만 이제 알겠어요. 제 마음에 상처가 생겼는데 그게 자꾸 쌓여서 울지도 못했다는 것을. 이제부터는 눈물이 나면 그냥 흘릴게요. 울고 싶으면 그냥 막 울어 버릴게요. 언젠가 꼭 멋진 모습으로 선생님 찾아올게요. 저를 이렇게 건강하게 만들어 주셔서 정말 감사드려요."

엄마는 이 말을 평생 잊을 수 없을 거 같아. 우리는 마지막으로 눈물의 포옹을 하고 헤어졌단다. 물론 기쁨의 눈물이었지.

마음이 아픈 아이의 말을 들어 주세요

아이들의 얼굴에 슬픔이 가득할 때는 아이에게 다가가 마음을 부드럽게 어루만져 주세요. 따뜻하고 사랑이 가득한 목소리로 아이가 마음속 슬픔을 엄마에게 쏟아낼 수 있게 도와주세요. 때론 엄마의 어린 시절 이야기를 들려주는 것도 도움이 됩니다.

"엄마도 아주 어릴 때 그랬단다. 그때 너무 마음이 아프고 슬퍼서 많이 울었단다. 너도 슬픔이 가득해 보이는구나. 엄마에게 얘기하지 않을래? 뭐든지 엄마가 들어줄게."

이런 말을 하면서 조용히 들을 준비를 하고 기다리면 아이는 엄마가 안전하다는 것을 인식하고 엄마에게 점점 더 마음속 깊은 이야기를 하게 될 겁니다. 절대 다그치지 마세요! 슬픔이 가득한데 눈물도 못 흘리고 지나가면 반드시 심리적 문제가 생기게 됩니다. 소아 우울증, 아동기 우울증은 여기에서 출발합니다.

욕하지 않으면
왕따 당해요

05

어느 날 네가 이렇게 말했어.

"같이 욕하지 않으면 왕따 당해, 엄마."

그래서 너도 욕을 한다는 걸 알았어.

엄마가 보기에는 너무 여리고 착한 네가 욕을 하다니. 네가 욕한다고 생각하니 솔직히 엄마는 기분이 좋지 않았어. 욕에는 아주 심한 저주의 메시지가 들어 있거든.

얼마전 교육과학기술부와 한국교원단체총연합회, 충북교육청이 서울교육대학교에서 '학생 언어문화 개선 콘퍼런스'를 열었어. 여기에서 전국 14~19세 청소년 1,518명을 대상으로 한 이메일 설문 조사 내용을 공개했는데, '하루에 얼마나 욕을 자주 하는가'라는 물음에 '하루 10번 이상 (22.1%)', '하루 3~9번 정도 (30.4%)'라는 대답이 절반을 넘었다고 해. '하루 1~2번 정도'는 38.9%였고 '전혀 사용하지 않는다'는 불과 8.6%밖에 되지 않았단다.

또 놀랍게도 욕을 처음 사용한 시기는 73%가 '초등학교 때부터'이고, 학생들이 욕을 하는 이유로는 '멋있어 보이고 재미있다' '친구끼리 친근감 표시다' '습관이다' '화나면 자연스럽게 나온다'가 대부분이었다고 해. 욕은 친구(75.5%)에게 배운 경우가 가장 많았고 욕을 할 때 '별 느낌 없다(81.1%)'는 대답 또한 많았다고 하는구나.

엄마는 욕이 청소년 사이에 만연한 것은 상처와 분노 때문이라고 생각해. 가정과 학교에서는 오직 '공부'만 강조할 뿐 마음을 받아 주지 않으니까 마음속에 쌓인 아픔을 자연스럽게 욕으로 푸는 거지. 욕을 하면 일시적으로 스트레스가 풀리는 느낌이 드니까.

그럼 여기서 물어볼게. 욕을 하는 친구가 멋있어 보이니? 욕을 하지 않으면 친구들과 거리감이 생기는 거 같니?

그래, 그럴 수도 있지. 아이들의 눈에는 다소 거칠고 반항적인 모습이 때로는 멋있어 보이기도 하니까. 사실 엄마도 그런 줄 알았어. 조용히 공부만 하는 일명 범생이인 친구보다는, 잘 놀고 거친 말투를 가진 친구가 더 멋있다고 생각했거든. 하지만 엄마는 어른이 되면서 그게 아니라는 것을 알았어. 어른이 되어서 조용히 자기 할 일을 열심히 했던 친구가 더 멋지게 성장하는 경우를 종종 보았거든. 반면 옛날 멋지게 보았던 반항적인 친구는 나쁜 행실을 일삼다 결국에는 좋지 않은 길을 갔고.

"선생님, 친구가 자꾸만 심한 욕을 해요. 정말 듣기 싫은데……. 제가 욕을 안 하니까 무시하는 거 같아요. 그래서 그 친구보다 더 심한 욕을 해야겠다고 결심했어요."

어떤 아이가 이렇게 얘기를 하더구나.

좋은 방법이라고 생각하니? 싸움에서 이기려면 목소리가 더 커야 하고, 더 거칠게 욕을 해야 한다고 생각하니?

말은 자신의 인격을 표현하는 하나의 방법이란다. 그렇기 때문에 욕을 비롯해 좋지 않은 말을 하는 건 "나, 무식한 사람이에요." "나는 함부로 대해도 되요."라는 것이기도 하지.

어떤 사람이 실험을 했는데 두 개의 유리병에 밥을 담고, 한 병에는 칭찬을 했고, 다른 한 병에는 욕을 했단다. 그랬더니 칭찬을 했던 병의 밥에서는 누룩처럼 구수한 냄새가 났고, 욕을 했던 병의 밥에서는 썩은 냄새가 났다고 해.

어떤 이유에서든지 욕을 하는 것은 좋지 않아. 화가 나도 함부로 욕을 하면 안 돼! 농담 혹은 장난으로라도 말이야. 그건 죄를 짓는 거야. 욕은 상대방의 마음에 상처를 주고 인간으로서의 존엄성에 타격을 입힌단다. 게다가 욕은 자기 자신의 인격을 낮추는 것이기도 해. 자신이 욕을 하는 모습을 동영상으로 찍어 보면 그게 어떤 느낌인지 알 수 있을 거야.

엄마는 네가 사는 세상이 '욕설 문화' 대신, '희망 문화' '사랑 문화'로 가득했으면 좋겠다. 그리고 네가 그런 문화의 선구자가 되었으면 좋겠다. 욕을 하는 사람이 엄청나게 부끄러워지는 그런 세상을 만드는 선구자가 말이야.

엄마,
이렇게 도와주세요

욕을 하는 아이의 마음을 읽어 주세요

요즘 아이들에게 욕은 하나의 트렌드로 자리 잡았지요. 모든 엄마들은 자기 아이만은 욕을 하지 않는다고 믿고 있지만, 욕하지 않으면 왕따 당하는 현실에서 집에서는 아닌 척하지만 대부분 학교나 밖에서는 욕을 하고 있습니다.

무조건 나쁘니까 하지 마, 라는 식의 말로는 욕을 중단시킬 수 없습니다. 오히려 엄마가 욕을 할 수밖에 없는 요즘 아이들의 고충을 이해해 주고 아이들과 솔직한 대화를 유도하는 것이 도움이 됩니다.

뭔가 응어리진 것도 풀어주고, 스트레스 받은 것도 이해해 주고, 자녀의 마음을 뭐든지 받아줄 수 있는 마음이 더 이상 욕하고 싶지 않은 건강한 마음을 만들어 줄 것입니다.

인격 장애에 대해 알아볼까?

강 박사님의 심리 이야기

인격 장애가 있는 사람은 모든 것을 자기중심적으로 생각하기 때문에 다른 사람과의 의사소통이 매우 힘들어. 한마디로 말이 안 통하는 사람이지.

이것은 성격 장애라고도 해. 성격 장애는 어린 시절부터 오랜 시간에 걸쳐 많은 상처를 겪게 되면서 성격이 나빠진 경우가 많아. 나이가 많아질수록 성격 장애가 있으면 정말 고치기 힘들단다. 너무 오랜 세월 동안 성격으로 완전히 굳어졌기 때문에 자신이 문제가 있다는 것을 전혀 인정하지 않게 되기 때문이야.

모든 치유는 자신의 문제와 상처를 알고, 인정할 때 가능하단다. 그런데 성격 장애를 앓고 있는 많은 사람들은 자신이 주위 사람들을 괴롭히고 있다는 사실을 모르고, 다른 사람이 제아무리 잘못되었다고 얘기해도 자신의 잘못을 인정하지 않는단다. 이런 경우는 변화하기가 정말 힘들지.

인격 장애는 몇 가지로 구분할 수 있는데 각각 다음과 같아.

• 경계성 인격 장애 인격 장애 중에 가장 힘든 장애란다. 감정의 기복이 너무 심해서 심하게 화를 냈다가 금방 괜찮아지기도 하고, 또 한 번 화를 내면 제어가 잘 되지 않아서 주위 사람들에게 심한 상처를 주기도 한단다. 변덕을 잘 부리고 친구 관계에서는 지나치게 기대하여 가깝게 친해졌다가 금방 원망하며 사이가 안 좋게 되기도 하지. 매우 즉흥적이고, 감정 기복이 심해 우울과 분노 사이를 왔다 갔다 하고 심지어 자기 몸을 자해하기도 해.

81

또 자제력이 없고 매우 충동적이지. 또 정서적으로 불안정하기 때문에 삶의 목표가 뚜렷하지 않고 항상 혼란스러운 태도를 보여.

어떤 사람은 지나치게 높이 평가하여 너무 추앙하기도 하고, 어떤 사람은 반대로 실제보다 낮게 평가해 무시하고 깔보는 성향을 보이기도 한단다.

이런 장애는 부모에 대한 <u>양가감정</u>이 계속 쌓여 가치관이 혼란스럽고 불안이 지속되는 성장 과정에서 나타난다고 해. 가치관이 혼란스러우니까 선과 악의 개념도 헷갈리게 되고, 어떤 게 옳은 건지도 잘 모르게 되는 것이지.

양가감정
좋은 감정과 나쁜 감정이 동시에 일어나는 것

• 망상성 인격 장애 다른 사람에 대해서 지속적인 의심과 불신을 품게 되는 인격 장애야. 남으로부터 피해를 입는다는 의식이 밑에 깔려 있는 성격 이상자라고 할 수 있지. 다른 사람이 볼 때 성격이 괴팍하고 고집이 세 보이기도 해. 질투심도 굉장히 많고 남들에게 항상 피해를 입었다고 믿는 경우도 많단다.

• 정신분열성 인격 장애 친하게 지내는 친구도 거의 없고, 친밀한 친구가 적고, 다른 사람에게 적대감을 표시하거나 공격적일 때가 많아. 이런 사람은 이상한 종교에 빠지기 쉽고, 마술 같은 것에 빠지기도 해. 다른 사람에 대해서 아주 냉담하게 반응하고 불안도 많이 느낀단다.

• 히스테리성 인격 장애 감정을 폭발할 때가 많고, 이기적이고, 쉽게 흥분하기도 하고, 쉽게 우울해하기도 하지. 말하는 것과 행동이 연극하는 것 같고 다른 사람을 배려하지 못해.

• 자기애적 인격 장애 이 장애가 있는 사람은 자기만 생각하고, 자기만 사랑하며, 가족이나 주위의 관심과 사랑, 칭찬을 독점하려고 한단다. 약속도 잘 지키지 않으며, 다른 사람들을 잘 이해하지 않으려고 해. 히스테리성 인격 장애, 경계성 인격 장애, 반사회적 인격 장애가 함께 나타나기도 하지.

• 반사회적 인격 장애 사회 질서를 파괴하고 다른 사람들을 파괴하는 경우가 많아. 반사회적 행동은 대개 15세 이전에 나타나기 쉽다고 해. 끔찍한 범죄를 저지르는 청소년들이 바로 이런 반사회적 인격 장애란다. 실제로 범법자의 60%가 반사회적 성격자라는 통계도 있어. 이런 사람들은 자신의 잘못에 대해 자신을 정당화하고 잘못을 인정하지 않아. 그런 사람은 너무 무섭지?

• 회피성 인격 장애 남이 자기를 어떻게 평가할 것인가에 대해 지나치게 예민해 사소한 일에도 모욕감과 실망감을 느낀단다. 자존감이 약하여 사회 생활을 하기가 어렵고 직업을 갖기 힘든 경우도 많아.

• 강박성 인격 장애 모든 일에 자신만의 기준을 세워 놓고 여기에 자신과 다른 사람을 맞추려 한단다. 융통성이 거의 없거나 적으며, 다른 사람을 지배하려고 하기 때문에 사람들이 다 싫어하게 만들지. 그런 사람 옆에 있으면 숨이 턱턱 막히겠지?

• 사이코패스 반사회적 인격 장애라고 부르기도 해. 1920년대 독일의 쿠르트 슈나이더라는 심리학자가 처음 소개했어. 평소에는 잘 나타나지 않다가 범죄 행위를 통해서만 밖으로 드러나게 돼. 그래서 주변 사람들이 알아차리지 못하는 경우가 대부분이야.

미국 브르크하멜 국립 연구소의 연구 결과에 따르면, 이 장애가 있는 사람은 감정을 지배하는 전두엽 기능이 일반인의 15%밖에 되지 않아 다른 사람의 고통에 무감각하고 양심의 가책을 느끼지 않는다고 하는구나. 다른 사람이 고통을 받아도 아무 것도 느끼지 못하기 때문에 자신이 저지른 죄의 대가나 처벌도 무서워하지 않는다고 해. 그래서 재범률도 높고 연쇄적인 범죄를 저지를 가능성도 일반 범죄자들보다 높다고 하지. 연쇄 살인범들이 이런 사람들이야.

로버트 헤어라는 심리학자가 사이코패스 진단 방법을 개발했는데 연쇄 살인을 저질러서 사람들을 경악하게 했던 유영철 같은 사람이 전형적인 사이코패스로 나왔다고 하는구나.

마음에 방패가
생겼어요

사람은 누구나 세상에 사는 동안 자기도 모르게 서로에게 상처를 주고 상처를 받으며 산다. 그렇기 때문에 어떤 사람이든 '상처'를 받지 않고는 살 수 없지. 그렇다면 이 세상에 훌륭한 사람들은 어떻게 그 상처를 받으면서도 훌륭한 사람이 되었을까? 그 비법은 바로 '상처'를 어떻게 극복했느냐에 있어. 상처는 때로는 성숙하고 훌륭한 사람이 될 수 있는 토대가 되기 때문이지.

엄마가 앞에서 얘기했지? 어떤 사람들은 상처가 생기면 그것을 마음속 깊이 쌓아 둔다고. 상처는 일단 상처가 생긴 그때만 넘기면 괜찮아진 것처럼 느껴지거든.

하지만 과연 괜찮은 걸까? 그건 절대 그렇지 않단다. 쌓아 두는 것은 겉으로 표현만 하지 않았을 뿐 완전히 없애는 것이 아니기 때문이야. 상처를 쌓아 두고 있다 보면 마음이 좋지 않은 상태가 계속될 것이고, 불행 혹은 슬픔 등의 나쁜 감정이 마음을 많이 힘들게 할 거야. 그래서 사람은 자기도 모르는 사이에 마음속에 '방어기제'라는 걸 만들게 된단다.

방어기제라는 것은 정신분석의 창시자인 프로이트 아저씨가 처음 사용한 말이야. 무의식적으로 자신을 속이거나 해석을 다르게 함으로써 힘든 감정을 못 느끼게 되는 것을 말해.

조금 어렵지? 그렇다면 네가 이해할 수 있게 간단한 예를 들어볼게. 만약 예준이가 아침에 학교에 갈 때 비가 오지 않아서 우산을 갖고 가지 않았다고 생각해 봐. 그런데 갑자기 하늘이 컴컴해지면서 번개가 치고 금새라도 비가 올 것 같으면 수업중에도 은근히 걱정이 되겠지? 비가 오면 어떡하나 하고 말이야. 근데 방어기제라는 것을 갖고 있게 되면 자기도 모르는 사이에 '아, 비가 안 올 거야.'라고 믿는 것이란다. 방어기제가 작동하는 것이지. 그러나 방어기제는 문제를 근본적으로 없애는 것이 아니라 문제가 없다고 자기 자신에게 일종의 거짓말을 하는 거야. 그렇기 때문에 상처가 있음에도 불구하고 방어기제가 작동하게 되면 상처가 있음을 깨닫지 못하게 되어 오히려 나중에 큰 문제를 일으킬 수 있어.

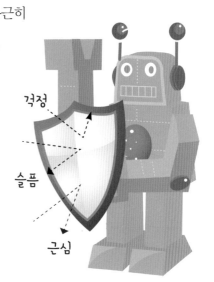

또 사람과의 관계에서 방어기제가 작동하면 진심으로 사람을 대하지 않게 되기도 해. 사람을 진심으로 대하지 않게 되면 진실한 친구를 만들기 힘들고, 결국 자연히 외로워질 것이고 우울증에 걸리기도 쉽지.

그럼 이번에는 사람들이 가장 많이 갖고 있는 '대표 방어기제'에 대해 알아볼까? 이제부터 설명하는 방어기제를 잘 보고, 너에게 해당되는 건 무엇인지 생각해 보도록 하자.

• 부정

아주 고통스러운 일이 생겼거나 아주 갑작스럽게 생긴 난처한 경우에 나타나는 것이 바로 '부정 방어기제'란다. 일단 그 상황을 거부하고 도망치려는 심리를 말해. 예를 들면, 가장 친한 친구가 자기 지갑을 훔쳤다고 해도 "너는 절대로 그럴 리가 없어."라고 말하는 경우가 이에 해당된단다. 몰래 어떤 일을 하고 나서도 "난 절대 아녜요."라고 말하기도 하지. 어떤 아이는 아빠가 갑자기 교통사고로 돌아가셨는데도 "아냐, 아빠는 지금 외국 출장중이야." 라고 생각하기도 한단다. 초등학생이 숙제를 하기 싫어 일부러 알림장을 잃어버리는 것도 '부정'이라는 방어기제가 작동하기 때문이란다.

공부가 싫어.

시험이 싫어.

시험은 없어.

• 억압

감당할 수 없는 욕구, 또는 깊은 상처가 생기면 마음이 불안하고 혼란스러워지게 된단다. 이럴 때 생기는 방어기제가 바로 '억압 방어기제'야. 불쾌한 경험이나 반사회적인 충동, 스트레스, 불안을 일으키는 생각 등을 마음속 깊이 몰아넣고 더 이상 생각하지 않으려 하는 것이지. 엄마 진료실에 온 아이 중에 한 아이는 시험 보는 게 너무너무 끔찍해 중간고사 시험 때임에도 불구하고 그 기간을 아예 잊어 버린 경우가 있었단다. TV 드라마나 영화를 보다 보면 주인공이나 주변 인물이 너무 큰 충격을 받고 기억상실증에 걸리는 것을 종종 볼 수 있지. 이것도 바로 여기에 해당된단다.

• 합리화

합리화는 상황을 그럴 듯하게 꾸미고 사실과 다르게 생각하여 마음이 상처받지 않게 정당화시키는 것을 말해. 즉 자존심 상하는 일이나 죄책감이 느껴지는 일 등에 무의식적으로 그럴 듯한 이유를 붙여 견딜 수 있게 하는 것을 말하지. 변명이나 거짓말하고 비슷하지? 하지만 변명이나 거짓말이 알고 하는 것이라면, 합리화는 자기도 모르고 하는 것이므로 다르다고 할 수 있지. 예를 들면 공부를 잘 못하는 학생이 '공부를 잘한다고 훌륭한 사람이 되는 건 아니야'라고 스스로 합리화시키는 경우나, 약속을 잘 어기는 사람이 '약속은 누구나 어길 수 있다'고 생각하는 경우를 말한단다. 안타까운 것은 '합리화 방어기제'는 병이라는 것도 인식하지 못하는 경우가 많다는 것이란다. 그래서 치료가 매우 어렵단다.

• 투사

나쁜 상황이 벌어졌을 때 그것을 남의 탓으로 돌려 자신을 방어하는 것을 말한단다. 예를 들면, "내가 이렇게 된 건 다 네 탓이야."라고

너 때문이야!

말하거나, "네가 나를 미워하기 때문에 난 너를 미워해." 같은 경우야. 투사는 자신의 욕구나 문제를 올바르게 깨닫는 대신, 다른 사람이나 주변에 탓을 돌리고 진실을 감추거나 현실을 왜곡하기 때문에 정말 좋지 않단다.

• 반동형성

자신의 생각과 정반대로 감정을 표현하고 행동하는 것을 말해. '미운 놈 떡 하나 더 준다'라는 속담이 있는데 바로 이것이 '반동형성 방어기제'에 해당된단다. 즉 자기가 좋아하는 친구에게 오히려 귀찮게 함으로써 그 친구가 짜증나게 하는 행동 등을 말한단다. 친구가 자기를 싫어할까 무서워서 아예 친구를 사귀지 못하는 경우도 있고, 좋아하는 친구가 생겨도 헤어질까 두려워서 그 친구에게 잘 다가가지 못하거나 쌀쌀맞게 대하는 것도 여기에 속하지.

• 환치

갈등 상황이 생기면 갈등을 풀기 위해 다른 데 관심을 돌리는 것을 말해. 예를 들면, 부모님께 사랑을 많이 못 받는 아이가 친구에게 집착하는 경우 같은 거야.

• 퇴행

어려움을 피하려고 다시 어린아이 시절로 돌아가는 행동을 하는 것을 말해. 즉 동생에게 쏠린 부모님의 관심을 자신에게 집중시키기 위해 어린아이처럼 행동하는 경우를 말한다. 엄마가 만난 아이 중에는 어린 동생이 우윳병을 빨고 있는데 초등학생인 아이가 같이 누워서 우윳병을 빨았던 경우도 있었단다. 심지어 동생처럼 소변도 그냥 누워서 보는 경우도 있었지.

• 동일시

투사와 반대되는 것으로 자신의 단점이나 잘못된 점을 다른 사람의 좋은 점과 비교하여 똑같다고 생각하는 것을 말해. 부모님의 모습을 자신과 똑같이 생각하고 부모님의 행동이 바르지 못할 때 자신도 바르지 못한 사람이라고 생각하는 것이 여기에 해당된단다.

친구가 싫어할까 무서워 친구를 못 사귀겠어.ㅠㅠ

이제 방어기제에 대해 좀 알게 되었니? 조금은 어려웠지? 방어기제는 누구나 갖고 있는 것이야. 다만 그것이 심한 경우에는 병이 되는 것이지. 이제 네게 있는 방어기제가 무엇이 있는지 생각해보렴.

자기의 방어기제를 잘 알고 있으면 긍정적으로 발전시킬 수 있단다.

마음에
불안 폭탄이 있어요

사람에게는 여러 가지 감정이 있단다. 행복, 기쁨, 외로움, 슬픔, 분노……. 사람이 살아가는 데 있어서 기본적인 감정은 꼭 필요하단다. 기쁠 때는 웃어야 하고, 슬플 때는 울어야 하고, 화가 날 때는 화를 내야 하지. 불안한 마음도 마찬가지야. 어느 정도의 불안은 꼭 필요하단다.

만약에 예준이가 높은 곳에 올라갔다고 가정해보자. 떨어질까 무섭고 불안하지? 그래서 몸을 조심해서 움직이게 될 거야. 떨어지지 않으려고 말이야. 만약 무섭거나 불안한 마음이 없다면 어떨까? 높은 곳에서도 아무렇게나 행동할 것이고, 잘못하면 떨어지는 사고를 당하게 될 거야. 생각만 해도 아찔하지?

부득이 차가 쌩쌩 다니는 차도를 건너야 한다고 생각해봐. 굉장히 무섭고 불안하지? 그래서 차가 오는지 정확히 확인하고 길을 건너면서도 조심하게 될 거야. 무작정 길을 건넜다가는…… 더 이상 말하지 않아도 되지?

그런데 이런 당연한 불안하고 무서운 마음 말고 아무 것도 아닌 일에

90

일상생활이 힘들 정도로 심하게 불안을 느낀다면 그것은 마음에 병이 생긴 것이란다. 역시 무엇인가로부터 상처를 심하게 받고 생긴 병이지.

사람은 상처를 받으면 많은 감정을 느끼게 된단다. 상처를 준 사람에 대해 미움, 원망, 슬픔 등. 그 중에 제일 많이 생기는 감정이 바로 불안이라는 마음이야. '또 상처를 받지 않을까' 하는 불안한 마음.

엄마가 만난 아이 중에 해성이라는 아이가 있었어. 이 아이는 7살 때부터 매를 맞고 자랐단다. 해성이 아빠가 술 마시고 와서는 해성이를 그렇게 때렸다는데, 뭘 잘못했는지 모르고 맞을 때가 많았다는 거야. 그래서 해성이는 아빠가 들어올 시간이 되면 가슴이 떨리고, 손발이 떨리고, 심장도 두근거렸어. 뿐만 아니라 자기도 모르게 눈꺼풀을 깜빡거리거나 입을 실룩거리기도 하는 등 틱 장애도 나타났지.

중학생이 되도록 해성이의 이러한 증상은 사라지지 않았어. 엄마 아빠가 수없이 부부 싸움을 하시는 바람에 집안 환경이 계속해서 불안정한 상태였기 때문이지.

혜미라는 아이 역시 해성이와 크게 다르지 않았어. 혜미네는 아주 가난해서 혜미 부모님이 돈 때문에 많이 싸웠다고 해. 게다가 세 살 차이 나는 언니가 툭하면 혜미에게 욕하고 때렸다나 봐. 그래서 혜미의 상처는 나날이 쌓여 갔고, 결국 불안이 폭발하여 발작을 일으켰어. 물건을 던져 부수거나 심하게 짜증을 내는 등의 폭력적인 행

틱 장애
틱 장애는 특별한 이유 없이 신체 일부분을 빠르게 움직이는 이상 행동을 말해.

동을 했지.

검사 결과 혜미는 불안 증세와 우울증이 아주 심하게 나타났어. 그런데도 혜미의 엄마 아빠는 혜미의 상처와 고통을 조금도 알지 못하고 있었어. 너무 기가 막힌 일이었지.

이렇게 불안은 상처 받은 마음에서 끊임없이 생긴단다. 불안을 없애기 위해서는 상처 받지 않는 환경으로 바꿔줘야 해. 하지만 이것은 참 어려운 문제야. 단번에 환경을 바꾸기가 쉽지 않기 때문이지. 그래서 할 수 있는 한, 상처의 근본 원인인 가족 관계를 다시 점검하고 바

로 잡아나가는 노력이 무엇보다도 필요하단다. 이렇게 해야 조금씩 상처를 덜 받게 되고 불안도 조금씩 줄어들 수 있거든.

상처는 치유되면 마음이 커지고 성장하기 때문에 반드시 나쁜 것만은 아니란다. 다만 그 상처가 꼭 치유되어야 하고, 같은 상처가 반복되지 않도록 상처가 오는 통로를 차단하려는 노력이 필요하단다.

그런 의미에서 엄마는 네가 상처를 전혀 받지 않기를 기도하지는 않는단다. 이 세상에 사는 동안 그것은 불가능하니까. 다만, 그 상처를 잘 뛰어넘을 수 있도록 기도한단다. 그리고 네가 다른 사람의 상처를 어루만져 주고 마음 아픈 아이들의 친구가 되길 바란단다.

'불안 폭탄'이 터지면

상처가 계속 쌓이면 불안도 점점 크게 쌓이게 된단다. 그렇게 되면 자기도 모르는 사이에 방어기제가 생기고 불안이라는 감정을 마음속 깊이 눌러 놓게 되지. 눌러 놓지 않으면 너무 고통스럽고 힘드니까 무의식적으로 그렇게 하는 것이지.

그러나 이런 상태가 지속된다면 어떻게 되겠니? 불안이라는 감정은 사라지지 않고 계속 쌓일 것이고, 나중에는 불안 덩어리가 점점 커져 핵폭탄 같은 위력을 갖고 어느 날 팡, 하고 터져 버린단다.

불안 폭탄은 각각 다른 증세로 터진단다. 어떤 아이에게는 강박증 증세로 나타나고, 또 다른 아이에게는 공황 장애로 나타나기도 해. 또 틱 장애가 생기기도 하고 ADHD 증상이 나타나기도 하지. 아주 심한

ADHD(주의력 결핍 행동 장애)
아동기에 많이 나타나는 증상이야. 계속해서 주의력이 부족하여 산만하고 충동적인 행동을 많이 하지.

93

우울증으로 나타나기도 하고.

한 번 만들어진 불안 폭탄은 언젠가는 터지게 되어 있단다. 아주 어린아이일 때 터지는 경우도 있고, 나이 많은 어른이 되어서 터지게 되는 경우도 있지.

그렇기 때문에 불안은 절대 쌓아 두면 안 돼. 그리고 '내가 불안하구나'라는 것을 빨리 깨달아야 한단다. '내가 상처를 받았구나'라고 생각되면 반드시 '불안이 생겼구나'라고 인식해야 하고, 어떻게든 그때그때 불안을 없애려고 하는 것이 필요해. 바로 이 불안한 마음을 어떻게 해소하느냐에 따라 건강한 마음을 만들 수 있단다.

그렇다면 불안은 어떻게 해소할까?

아주 간단해. 누군가에게 마음속의 불안한 감정 또는 불안한 감정을 만든 상처에 대해 이야기하면 돼. 엄마나 아빠, 혹은 친한 친구, 형이나 누나 등 누구라도 좋아. 누군가 내 이야기를 들어줄 사람이 있다면 그 사람에게 매일 이야기를 하는 거야. 자신의 이야기를 누군가에게 한다는 것만으로도 이미 마음속 상처를 치유하는 것이란다.

이때 듣는 사람의 태도가 매우 중요하겠지?

"아, 그래서 상처가 생겼구나."
"그런 일 때문에 힘들었겠구나."
"얼마나 마음이 아팠니?"

엄마는 네가 너의 상처를 다른 사람에게 말하는 사람, 또 다른 사람의 상처를 잘 들어주는 사람, 누가 너에게 와서 자기 마음의 아픔을 이야기할 때 마음을 다해 이해하고 공감해 주는 사람이 되길 바란다. 그래서 너의 친구와 주변 사람들이 너로 인해 상처 받은 마음을 이야기하고 치유할 수 있으면 좋겠다.

불안 증세를 보일 때는
아이와 눈높이를 맞춰 주세요

불안을 나타내는 증상은 여러 가지입니다. 계속 머리를 흔들고, 다리를 덜덜 떨고, 눈을 깜빡이고, 집중하지 못하고, 항상 가만히 있지 못하고, 종이를 계속 뜯고, 손톱을 물어뜯기도 하는 등 다양한 증세를 나타내죠.

그중에서도 손톱을 물어뜯는 행동은 불안이 있는 아이들에게 흔히 나타나는 모습입니다. 자신도 모르게 손톱을 물어뜯거나 손끝을 물어뜯어서 손끝이 보기 흉하게 일그러져 있는 경우가 있지요. 이 불안 행동은 커서까지 고쳐지지 않는 경우가 많습니다. 그런데 대개의 엄마들은 아이들이 이런 행동을 하면 야단을 치거나 비난을 하지요.

"왜 이렇게 손톱을 못 살게 하니?"
"좀 가만히 있지 못하겠어?"
"뭐가 되려고 저러는지 모르겠어."

엄마의 이런 핀잔하는 말투는 아이의 불안을 더욱 커지게 합니다.
따라서 아이가 그런 이상 행동을 하면 엄마가 아이와 눈높이를 맞추고 엄마의 사랑하는 마음과 느낌을 전달해야 합니다.

"00아, 엄마가 보기에 그런 행동이 좋지 않구나."

"네가 불안해 보여서 엄마 마음이 아프구나."

"손톱이 다 망가졌구나. 이런, 너도 몰랐지?"

이렇게 아이 입장에서 마음의 문을 열고 점점 더 깊은 대화로 들어가도록 해 보세요.

"우리 ○○이가 뭔가 힘든 일이 있구나. 엄마가 들어 줄게. 뭐든지 말해 봐."

사실 이런 대화는 한 번에 이루어지지 않습니다. 특히 그동안 대화 없이 아이에게 지시하고 야단치는 분위기였다면 아이는 엄마의 이런 말이 낯설게만 느낄 것입니다. 따라서 한두 번 실패했다고 그만 두지 말고 반복적으로 엄마의 진심이 전해지도록 노력해야 합니다. 그러면 어느새 아이는 마음의 빗장을 열고 자신의 속내를 털어놓게 될 것입니다.

불안 장애 중에는 틱 장애도 있습니다. 계속되는 증상으로 무의식적으로 불안이 매우 심하다는 것을 보여주는 것입니다. 아이가 이런 증상이 계속되면 반드시 전문가의 도움을 받아 치료를 해야 합니다. 그렇지 않으면 피해 의식과 열등감과 수치심이 점점 더 커져서 자라는 동안 더 큰 문제를 낳게 됩니다.

강박성 장애에 대해 알아볼까?

엄마가 좋아하는 영화 중에 〈이보다 더 좋을 순 없다〉가 있어. 이 영화의 주인공 멜빈 아저씨는 강박성 장애를 앓고 있는 로맨스 소설 작가야. 아저씨는 길을 걸을 때 보도블록의 틈을 밟지 않고, 사람들과 닿지 않으려고 뒤뚱거리며 걷고, 사람들과 악수하는 것도 싫어하고, 언제나 똑같은 식당, 똑같은 테이블에 앉아 가지고 온 플라스틱 나이프와 포크로 식사를 하지.

이런 멜빈 아저씨의 유별난 성격을 사람들은 좋아하지 않았어. 그래서 멜빈 아저씨는 언제나 혼자였지. 그런데 식당의 여종업원과 옆집 강아지 버델만은 멜빈 아저씨를 꺼려하지 않았지. 이 둘 덕에 멜빈 아저씨는 서서히 상처 받은 마음을 열게 되고 강박성 장애를 극복하려는 노력을 하게 되지.

강박성 장애는 다른 말로 강박증이라고도 한단다. 강박성 장애는 자신의 의지와는 상관없이 어떤 특정한 생각이나 행동을 떨쳐버리고 싶은데도 그렇지 못한 상태를 말해. 강박성 장애는 불안 장애 안에 포함되어 있는데, 불안 장애를 가진 사람 중에서 강박성 장애가 많이 나타난단다.

강박성 장애는 강박적 행동과 강박적 사고로 구분이 되지. 강박적 행동을 하는 사람들이 흔히 보이는 증상은 피부가 상할 때까지 반복적으로 손 씻기, 너무 심할 정도로 정리정돈에 집착하기, 반복해서 확인하고 또 확인하기 등이 있단다. 또 반복적으로 숫자 세기, 속으로 단어 반복하기 등으로 나타나는 경우도 있어. 어떤 아이는 앞 페이지의 책 내용을 잊어버릴까봐 뒷 페이지로 못 넘어가는 경우도 있단다. 이런 경우에는 성적이 상위권이었다가 눈 깜짝할 사이 바닥으로 추락하기도 한단다.

또 오염에 대한 불안감, 혹은 먼지나 세균에 대한 염려를 떨쳐버리기 위해서 과도하게 손을 씻거나 장시간 샤워를 하는 사람도 있어. 이러한 행위는 죽음이나 질병에 대한 두려움에서 비롯되는 예방적 행위이기도 하지만, '이미 오염되었다'는 극도의 불안감으로부터 마음을 안정시키기 위한 행위이기도 하단다.

강박적인 정리정돈 행동을 하는 경우에는 물건이 제 자리에 없으면 어떤 일이 일어날 것처럼 불안해한단다. 그래서 항상 물건이 반듯하게 제 자리에 있어야 안심하지.

양치질을 하는 데만 30분이 걸리고, 목욕을 하는 데 2시간이 넘게 걸리는 경우도 있고, 거의 쓸모없거나 낡고 가치 없는 물건들에 대해 유난히 집착을 보이는 경우, 자신의 물건을 다른 사람이 만지거나 다른 장소로 치우는 것에 대해 큰 불안감을 느끼고 화를 내는 경우도 있지. 이러한 강박 장애는 본인은 전혀 불편함을 느끼지 못하지만 일상생활에서 매우 에너지를 소비하는 행위이기 때문에 치료가 시급하단다.

영화 <이보다 더 좋을 순 없다> 포스터. 강박성 장애를 가진 주인공 멜빈 아저씨가 식당 여종업원과 옆집 강아지 덕에 장애를 극복한다는 내용을 담고 있어.

자꾸만
짜증과 화가 나요

상처는 불안을 만들고, 불안은 분노를 만든단다. 그래서 분노가 많은 사람은 불안이 많이 쌓인 사람이지.

어릴 때 상처를 받으면 많은 감정 중에 특히 불안한 감정이 많이 생긴단다. 그 불안을 해소하지 않고 계속 그대로 두면 화, 짜증, 분노가 생기지. 짜증은 분노의 약한 표현이야. 화를 내지 못하니까 약한 화를 내는 것이 바로 짜증이거든.

언젠가부터 네게 짜증이 많이 생겼더구나. 소리 지르기도 하고, 짜증 섞인 목소리로 말하기도 하고. 엄마는 걱정이 많이 되었어. 네가 상처를 많이 받고 있다고 느꼈기 때문이지.

그래서 엄마가 이렇게 말했지.

"예준아, 짜증내도 괜찮아. 짜증나는 일이 있었던 모양인데, 어떤 일이야?"

그때 너는 짜증을 있는 대로 내면서 얘기하기 시작했어.

"알림장을 잘 쓰려고 했는데 글씨가 예쁘게 안 써지는 거예요. 근데 옆자리에 앉은 진우 녀석이 갑자기 툭 치는 바람에 글씨가 더 엉망이 돼버렸어요. 알림장 검사할 때 혼날 텐데……. 아, 어떡해! 정말 짜증나 죽겠어요."

"아, 그랬구나. 그래, 알았어. 짜증날 만하네. 우리 예준이가 글씨를 제대로 쓰면 정말 잘 쓰는데."

그러자 어느새 너의 목소리가 부드럽게 변하기 시작했지.

사람이 화가 나는 이유는 두 가지인데 하나는 누군가에게 상처 받았기 때문이고, 하나는 그 누구도 자신의 상처 받은 마음을 받아주지 않기 때문이야. 아마도 짜증났던 네 목소리가 부드러워진 건 엄마가 네 말을 들어 주었기 때문이었을 거야. 상처 받은 마음을 엄마가 받아 줬으니 말이야.

완득이처럼 킥복싱?

앞에서도 얘기했지만 사람은 상처 없이 살 수는 없단다. 상처가 꼭 대놓고 때리거나 욕하는 데서 생기는 게 아닌, 무시하거나 비난하거나 빈정거리거나 눈을 흘기는 것만으로도 생기기 때문이지.

그렇다면 짜증이 나고, 화가 날 때는 어떻게 하면 좋을까? 무조건 참는 것이 좋지 않다는 건 이제 알지? 그렇다고 무조건 화를 내고 짜

좋은 친구는
상처를 바로바로
아물게 해 준단다.

증을 내는 것도 좋은 방법은 아니란다. 왜냐하면 너의 짜증과 화가 오히려 다른 사람에게 상처가 될 수 있으니까.

엄마의 말이 이해가 잘 안 되니? 그럼 《완득이》라는 책으로 쉽게 설명해 볼게. 완득이는 고등학생 형의 이름이야. 완득이 형은 공부도 못하고 친구들하고 어울리지도 않고 싸움만 하는 문제아야. 그래서 친구들은 완득이 형을 무서워하지만 사실 완득이 형은 불쌍한 사람을 도와주고 부모님을 가엽게 생각하는 착한 마음을 갖고 있어.

이런 완득이 형의 마음을 안 담임선생님은 완득이 형에게 계속해서 말을 걸고, 킥복싱을 권해. 처음에는 자꾸만 말을 거는 담임선생님이 끔찍하게 싫고 귀찮다고, 그냥 내버려뒀으면 좋겠다고 생각하지. 하지만 킥복싱을 하며 세상에 대한 분노를 내뿜으며 완득이는 담임선생

님의 진정성을 알게 되고 마음의 문을 열게 된단다.

여기서 킥복싱은 완득이 형의 마음속 상처를 치료하고 훌륭한 치료약이야. 아마도 담임선생님이 완득이에게 킥복싱을 권한 것도 이런 이유에서 였을거야. 아마도 킥복싱이 없었더라면 완득이는 분노와 화를 풀지 않았을 것이고, 담임선생님의 진정성을 깨닫지 못했겠지. 결국에는 차곡차곡 쌓인 분노와 화가 완득이 형의 마음을 병들게 만들었을 것이고.

완득이 형이 킥복싱으로 화나고 짜증나는 마음을 다스렸던 것처럼 예준이도 너에게 맞는 운동이나 그림, 음악 등으로 마음을 다스려 보는 건 어떨까?

또 짜증이 나고 화가 날 때는 엄마나 아빠 혹은 친구에게 지금 기분에 대하여 이야기하는 것이 좋아. 이야기를 하다 보면 기분이 풀리거든. 만약 주변에 이야기할 사람이 없다면 화나 짜증을 풀 수 있는 취미 생활을 하는 것도 좋은 방법이겠지. 예를 들면 운동을 하거나 노래를 부르거나 그림을 그리는 등. 이렇게 하면 화 나고 짜증나는 마음을 기분 좋게 없앨 수 있거든.

상처를 주는 사소한 말

사실 짜증나고 화나는 마음은 하루에도 몇 번씩 생길 수 있어. 앞에서도 얘기했지만 사람은 사소한 일에도 쉽게 상처를 받기 때문이지. 이것은 네가 상처를 쉽게 받을 수 있는 것과 마찬가지로 다른 친구도 쉽게 상처를 받을 수 있다는 말이란다. 그렇기 때문에 사람은 누구나 자신도 모르는 사이 누군가에게 상처를 줄 수도 있단다. 친구와 사소한 말장난을 하는데 갑자기 친구가 갑자기 화내는 경우를 본 적 있지? 그건 친구가 너의 말에 상처를 받았기 때문이야. 평소 뚱뚱하다고 고민하는 친구에게 조언을 한다는 마음으로 "너 예뻐지려면 살 좀 빼."라고 하면 그 친구는 도리어 화를 낼 수 있거든. 너의 입장에서는 조언이지만 그 친구에게는 상처를 주는 말이기 때문이야.

또 다른 사람을 대할 때는 상대가 어떤 일에 상처 받는지 세심하게 신경 써야 해. 그래야 서로 간에 상처를 줄일 수 있어.

그런데 어떤 친구들은 "난, 친구들에게 상처를 준 적이 없어. 오히려 친구들에게 내가 상처를 받기만 하지."라고 말하더구나. 이것은 남이 나에게 상처만 준다는 피해 의식에서 나온 생각인데, 이러한 피해 의식은 결코 좋지 않아. 피해 의식은 아무리 좋은 친구라도 자꾸만 의심하게 하고, 피하게 하고, 나쁜 친구라고 생각하게 만들지. 이런 피해 의식 속에서 친구를 대하면 결국에는 좋은 친구도 모두 잃게 될 거야. 친구란 서로를 믿고 신뢰하는 과정에서 더 깊어지는 관계니까.

예준아, 마음을 열고 주위를 둘러보렴.

분명히 너의 친구가 될 사람들이 보일 거야. 좋은 친구와 사귀다 보면 그때그때 받았던 상처는 바로바로 아물게 된단다. 더 이상 분노에 휩싸이지 않고, 그 친구를 통해 상처받은 마음이 날마다 회복될 테니까.

아이가 짜증을 낼 때는
함께 짜증을 내지 마세요

아이가 짜증과 분노를 많이 보일 때는 절대로 엄마도 덩달아 화내고 소리 지르면 안 됩니다. 그러면 아이의 짜증이나 분노의 정도가 점점 더 세지고 엄마가 감당할 수 없는 지경까지 가게 되지요. 따라서 아이의 짜증과 분노를 엄마가 부드러운 태도를 잘 받아줘야 합니다.

그런데 이때 엄마 자신이 상처가 있으면 엄마가 화를 다스리기 어려우므로 우선 엄마 자신의 상처부터 치유하고 해결해야 합니다.

7세 전후가 되면 아이들은 짜증으로 자신의 감정을 대신하게 됩니다. 이때 엄마가 아이의 짜증을 잘 받아주지 않으면 아이는 성인이 되어서까지 짜증으로 감정과 분노로 표현하게 됩니다.

그래서 나이 든 어른들이 자신의 분노를 참지 못해 소리 지르며 화를 내는 장면을 많이 보게 되는 것이지요. 이것은 일곱 살짜리 유아의 상태를 못 벗어난 것이라고도 할 수 있습니다.

따라서 엄마도 치유와 성숙이 이루어져야 합니다. 그래야 눈에 넣어도 아프지 않은 자녀의 짜증마저도 사랑스럽게 받아들일 수 있게 되는 것입니다.

편집증에 대해 알아볼까?

편집증은 항상 진실을 왜곡되게 보고 의심의 눈으로 보는 걸 말해. 다른 사람을 적으로 보고 편집증이 심하면 심할수록 자신의 등 뒤에서 다른 사람들이 자신에 대해 수군거린다고 생각하게 된단다. 또 편집증 환자들은 생각이 굳어 있어 다른 사람 말을 잘 듣지 않거나 융통성이 없고, 완벽주의 성향을 갖고 있지. 편집증인 사람은 다음과 같은 증상을 갖고 있단다.

첫째, 충분한 근거 없이 의심한다.

둘째, 친구들의 의리를 의심하고 거기에 집착하는 증세를 보인다.

셋째, 다른 사람이 좋은 뜻을 갖고 호의를 베풀어도 거기에 숨은 뜻이 있다고 생각하고 의심한다.

편집증인 사람들은 사람을 믿지 못하기 때문에 마음이 늘 불안하고 모든 것을 의심한단다. 그래서 아주 예민하고 혼자만의 비밀이 많지.

또 자기 임의대로 상황을 끼워 맞춰서 말도 안 되는 상상을 하기도 한단다. 예를 들면, 길을 지나가다 어떤 사람이 자기를 잠깐만 쳐다봐도 '날 왜 쳐다보지? 내가 밥맛인가? 내가 뭘 잘못했나? 내 얼굴이 이상한가?' 등등 끊임없이 상상해. 그리고 대부분 부정적인 결론을 내리고 그 결론을 굳게 믿어버리지. '내가 못 생겨서 쳐다봤군. 그래, 난 너무 못 생겼어!'하고 말이야.

경우에 따라서는 신경질적으로 싸움을 걸기도 한단다. 그래서 편집증이 아주 심하면 정상적인 사회생활이 불가능하지.

왕따, 따돌림
그리고 게임 중독

　네가 전학을 간 지 며칠 후 하루는 어떤 애가 네 실내화를 화장실에 빠뜨려 하루종일 학교에서 맨발로 있었다고 했지. 어떤 날은 그 친구가 네 운동화 한 짝을 쓰레기통에 던져서 한 짝만 신고 집에 왔다고 했고……. 또 하루는 애들이 우르르 달려들어 너를 괴롭혔다고 했고…….

　전학을 했다는 이유로 어린 네가 받은 상처들. 이것들이 네게 얼마나 큰 상처가 되었을까. 지금 생각해도 엄마는 등골이 오싹하고 가슴이 찢어지듯 아프구나.

　아이들은 자신이 왕따 당하기 싫고, 왕따 당할까 불안해서 다른 친구들을 왕따 시킨다고 해. 예준이 너도 느꼈겠지만 왕따를 당하는 것은 죽음보다 더 큰 고통이란다. 대부분 왕따를 당하는 아이들은 엄마나 아빠에게 말 못하고 혼자 그 고통을 다 겪으면서 힘들어하지. 분명히 말하지만 어떤 경우에도 다른 친구들을 왕따 시키거나 따돌리거나 집단으로 괴롭히는 행위를 해서는 안 돼. 그건 너무 큰 범죄 행위란다.

심각한 게임 중독

아이들은 초등학생이 되고 점점 학년이 올라갈수록 또래 문화가 형성되어 그 속에서 사회성도 기르고 사람과 관계 맺는 법도 배우게 된단다. 그래서 엄마는 네가 또래 친구를 사귀고 서로 재미있게 지내는 것이 무엇보다 중요한 일이란 걸 잘 안단다. 엄마에게 말하지 못하는 비밀이 생기는 것도 이해해.

얼마 전 두 달 동안 서른 번이 넘도록 여러 명에게 집단으로 폭행을 당했다는 한 중학생은 아무에게도 도움을 받지 못하고 혼자 견디다 죽음을 선택했어. 과연 정말 죽는 길밖에 없었을까? 너무 가슴이 아프구나.

세상의 모든 아이들은 또래 친구들과 아무 문제없이 잘 지내고 싶

어 한단다. 그렇기 때문에 친구들이 따돌리거나 왕따 시키면 살고 싶지 않을 정도로 정신이 폐허가 되지. 어쩌면 그 세계는 어른들이 이해하지 못하는 세계일 거야. 어른들 중에서는 그까짓 것 갖고 죽느냐고 하는 어른도 있거든. 하지만 너는 알지? 그것이 얼마나 큰 고통을 느끼는 일인지 말이야.

너보다 훨씬 나이가 많았던 고등학생 석이 형 이야기를 해 줄게. 석이는 왕따와 집단 따돌림을 당해서 고등학교 1학년 때까지 친구가 단 한 명도 없었던 아이였어. 점심을 먹을 때도 혼자였고, 운동장에서도 늘 혼자였다고 했어.

그렇다고 가족이 석이 형에게 좋은 친구가 되어 주지도 않았어. 아빠는 언제나 무섭기만 했고, 엄마는 늘 잔소리만 했거든. 밖에서도 집에서도 석이 형은 늘 혼자였던 거지.

만약, 마음을 나눌 친구가 없다면 마음을 글이나 그림으로 표현해 봐. 책을 읽는 것도 좋아. 답답하고 힘든 마음을 편안하게 해준단다. 이것은 심리 치료에 많이 쓰는 방법이기도 해.

석이 형에게 게임은 꿈의 세계였어. 현실에서는 힘없는 왕따였지만 게임 속에서는 나쁜 악당을 무찌르는 멋진 영웅, 신기한 마법을 구사하는 마법사, 힘 있는 지도자가 되었지. 너도 알다시피 게임 속 캐릭터는 게임을 하면 할수록 힘도 세지고 좋은 무기도 가질 수 있게 되어 있어. 때문에 석이 형은 캐릭터를 강하게 만들기 위해 잠시도 쉬지 않고 게임을 했고 제아무리 힘센 악당이 나타나도 석이 형은 단칼, 멋진 마법으로 멋지게 해치워 버리는 천하무적이 되었지.

석이 형이 게임 속에서 큰 활약을 보이자 서서히 게임 속에서 친구들이 생겼어. 석이 형은 정말 신났을거야. 게임을 할 수 없었던 학교에서는 핸드폰으로 게임 친구들과 온라인 채팅을 했고, 집에서는 밥 먹는 것은 물론 잠을 자는 것도 잊어가며 게임에 몰두했어.

"게임 속에서만 살면 얼마나 좋을까?"

이쯤 되자 석이는 이제 게임을 하지 않고는 견딜 수 없게 되었어.

석이 형이 엄마 상담실을 찾아온 것은 게임 중독으로 문제가 제법 심각해진 후였어. 처음 석이 형을 봤을 때 석이 형의 얼굴 표정은 너무 무섭고 냉정했어. 때로는 아무 것도 생각하지 않는 무표정이었다가, 때로는 몹시 귀찮다는 듯 엎드려 있기도 했지. 말을 하는 것도 싫어했어.

어떻게 하면 석이 형의 마음을 열 수 있을까? 석이 형에게 필요한 건 아픈 마음을 알아주고 표현할 수 있게 하는 것이었어. 그래야 게임 중독에서도 벗어날 수 있게 된단다.

엄마는 처음에는 석이 형과 친해지기 위해 게임에 대해 물어봤어.

"어떤 게임을 좋아하니?"

"석이는 다른 게임은 안 해?"

"선생님도 게임을 좀 해볼까 하는데 어떤 게임을 하는 게 좋을까? 석이가 좀 추천해 줄래? 그런데 선생님은 너무 어려운 건 못해. 쉬운 걸로."

"석이가 추천한 게임을 해봤는데 재미있더라. 근데 바로 죽었어. 죽지 않으려면 어떻게 해야 돼?"

글이나 그림은 아픈 마음을 표현하는 좋은 방법이고, 책이나 음악은 마음을 편안하게 만들어준단다.

이렇게 석이 형과 거리낌 없이 이야기를 할 수 있게 되자 엄마는 석이 형에게 하고 싶은 이야기를 글로 쓰게 했고, 마음을 그림으로 표현하게 했어. 또 가끔은 소리 내어 책을 읽게 했고, 음악 감상 시간을 갖기도 했지. 글이나 그림은 아픈 마음을 표현하는 좋은 방법이고, 책이나 음악은 마음을 편안하게 만들어주기 때문이지.

"석이야, 오늘은 글씨 쓰는 게 귀찮은 모양이네. 그럼 한 글자로 마음을 표현해볼래? 지금 가장 생각나는 단어 한 개."

"오늘 아침 눈을 떴을 때 어떤 기분이었니? 너의 마음을 그려봐."

"게임을 하고 있을 때 너의 기분을 그려볼래?"

이렇게 마음을 터놓게 되자 드디어 석이가 자신이 왕따였던 사실과 그래서 너무 힘들었다는 얘기를 하기 시작했어. 그리고 게임 중독에서도 벗어나고 싶지만 잘 되지 않는다는 얘기도 했지.

엄마는 석이 형에게 게임 중독에서 벗어날 수 있는 몇 가지 방법을 알려주었어.

✚ 폭력적인 게임이 아닌 폭력적이지 않은 게임으로 바꾼다.

✚ 컴퓨터에 깔려 있는 게임을 조금씩 지운다.

✚ 게임하는 시간을 점차 줄인다. 게임을 하고 싶을 때면 음악을 감상하거나 책을 읽는다.

✚ 게임에서의 모습이 현실에서의 모습이 아니라는 것을 항상 생각한다.

✚ 매일 1시간씩 운동을 하고, 심심하면 집에 있지 않고 박물관, 서

점, 공원 등을 다닌다.

그리고 석이 형의 부모님께도 가급적 많은 대화를 나누고, 게임 중독에서 벗어나려면 가능한 한 집에 있는 것보다는 운동이나 여행 등 야외 활동을 하는 것이 좋다고 말씀드렸지.

정말 다행스럽게도 석이 형과 석이의 부모님은 엄마의 조언대로 생활하기 위해 노력했어. 주말이면 함께 캠핑을 다녔고, 평일에는 야구나 축구, 농구, 산책 등을 했지.

그러자 석이 형의 표정은 매우 밝아졌고, 몸도 꽤 건강해졌단다.

하지만 석이 형의 이런 변화에도 왕따 문제는 쉽게 해결되지 않았어. 그러나 석이 형은 전처럼 절망하지 않았어. 지금은 좀 힘들어도 곧 좋아질 거라고 긍정적으로 생각했어. 열심히 공부를 해서 좋은 학교에 진학하고, 좋은 친구도 사귈 거라고 희망했지.

왕따 시키는 아이들의 대부분은 자신이 왕따 당할까 봐 두려워한다고 해. 정말 비겁한 일이지. 그러나 그 애들은 어쩔 수 없는 일이라고 스스로를 합리화하지. 그리고 거듭 왕따를 시키다 보면 고통 당하는 아이들을 보면서 묘한 흥분을 느낀다고도 하더구나.

이것은 생각만 해도 너무 무서운 일이야. 엄마는 네가 결코 비겁해지지 않기를 바란다. 왕따가 무서워서 다른 아이에게 왕따의 고통을 주는 일이 없길 바란다. 그리고 친구들에게 받은 상처는 엄마와 함께 풀도록 하자. 함께 이야기를 하면서 말이야.

혹시 왕따를 당하고 있다면
적극적으로 대처해 주세요

아이들이 왕따를 당하고 있는지 엄마들이 잘 살펴보아야 합니다. 어느 날부터 학교 이야기나 친구 이야기를 하지 않게 되면 혹시 왕따를 당하고 있지는 않은지 진지하게 아이와 대화를 나누어야 합니다.

혹시 아이가 왕따의 고통을 당하고 있다고 말하면 보다 적극적으로 대처해야 합니다. 경우에 따라서는 부모가 나서야 할 때도 있습니다. 그러나 대개 아이들은 스스로 헤쳐 나가기를 원하고 부모가 개입하면 창피해하는 경우도 많습니다.

너무 상황이 심각해서 부모가 개입해서 선생님의 도움을 요청해야 하는 상황이라면, 아이에게 상황의 심각성과 이로 인해 발생하게 될 문제를 논리적으로 설명해 주어야 합니다. 혼자 해결할 수 없는 문제이기 때문에 엄마가 도와주는 것이라고 말해 주세요.

왕따 문제는 초기에 바로잡지 않으면 상황이 더 악화되기 때문에 반드시 초기에 눈치를 채고 도와주어야 합니다.

사람들 앞에 서면 주눅이 들어요

세상에는 다양한 성향의 사람이 있어. 외향적인 사람, 내성적인 사람, 기질이 강한 사람, 마음이 여린 사람……. 그런데 많은 아이들이 내성적인 성격을 안 좋게 생각하더구나. 특히 남자의 경우는 아주 심하지.

"난 말도 잘 못하고 부끄러워서 발표도 잘 못하고. 난 정말 멍청해. 정말 바보야!"

한숨을 내쉬며 혼잣말처럼 했던 네 말을 들었을 때 엄마는 가슴이 철렁 내려앉았단다.

'아, 우리 아들이 저런 생각을 하고 있었구나. 자기 자신을 열등하고 부끄러운 존재로 생각하고 있구나.'

예준아, 이런 생각은 몹시 잘못된 것이란다. 내성적인 성격은 결코 부끄러운 것이 아니야. 오히려 아주 장점이 많은 성격이지. 감성적이고, 논리적으로 말을 잘할 수 있고, 매사에 침착해서 차분하게 생각하고 행동하기도 하지.

그렇다면 왜 내성적인 성격을 안 좋게 생각하는 걸까? 특히 남자가 내성적이면 안 된다고 생각하는 걸까?

"남자가 그렇게 심약해서 되겠어?"
"사내아이면서 저렇게 수줍음이 많아서 어디에 쓰지?"
"남자는 씩씩하고 박력 있어야 해."

이런 말을 들으면 어떤 느낌이 드니? 남자가 내성적이기 때문에 혼나는 느낌이 드니? 그래, 바로 이런 말들 때문에 내성적 성격에 대해 좋지 않은 생각이 만들어진 거야.

남자든 여자든 사람은 태어날 때부터 타고난 성향이 있고, 이것은 어느 쪽도 옳고 나쁨이 없어. 더 열등하거나 우등한 것도 없단다.

그런데 문제는 내성적인 아이가 핀잔이나 꾸지람을 들으면 외향적 성격으로 변하는 게 아니라 주눅 들고, 더 자신감이 없어져 오히려 더 내성적이 된다는 거야. 또 어떤 경우는 원래 외향적 성격을 타고 나도 어렸을 때 칭찬보다는 꾸지람이나 핀잔과 비난을 많이 들어 결국 사람들 앞에 서면 자꾸 주눅 드는 심한 내성적인 성격이 되기도 하지.

엄마가 치료한 한 아이의 엄마는 초등학교 6학년 아들이 지나치게 내성적 성격이라고 생각해 성격 개조를 위해 '해병대 캠프'에 보냈어. 그 엄마는 내성적인 아들이 못나 보이고 한심해 보였대. 그래서 늘 잔

소리를 했다는구나.

"넌 남자애가 왜 그 모양이니? 어깨 좀 펴고 당당하게 다녀!"

"남자는 좀 터프하고 진취적이고 그래야지. 너처럼 계집애같이 살다간 무시당해!"

엄마의 이 말은 아이에게 큰 상처를 주었어. 아이는 정말로 엄마가 말한 그런 못난 아이라고 믿게 되었고, 더욱 내성적인 성격이 되었지. 그런데 그런 아이를 해병대 캠프에 보낸 거야.

아이는 해병대 캠프에 있는 동안 내내 두려움에 떨었단다. 많은 아이들이 씩씩하게 훈련을 받을 때 아이는 엄격한 군관의 큰 목소리에 벌벌 떨었고, 다른 아이들처럼 발 빠르게 움직이지 못해서 늘 야단맞았지. 성격을 개조하기 위해 갔던 그곳에서 그 아이는 오히려 더 힘든 상황을 맞이하게 된거야. 결국에는 심한 우울증과 공황 장애를 겪게 되었고 엄마 상담실에서 오랫동안 치료를 받았단다.

성격은 개조할 필요가 없어. 타고난 성격은 개조되기 힘들단다. 다만 성격 유형마다 가지고 있는 장점을 더 큰 장점으로 만들면 되는 거야. 예준아, 이 세상에는 못난 사람은 없단다. 모든 사람은 존귀하고 존중 받아야 하는 존재이지. 이것을 꼭 명심하길 바란다.

예준아, 네가 내성적인 성격이라고 주눅 들 필요 없어. 엄마는 한 번도 네가 내성적이라고 걱정한 적은 없단다. 다만 내성적이라고 스스로를 하찮게 생각할까 염려했을 뿐이야.

나는 어떤 성격일까

내 성격의 장단점에 대해 좀더 알고 싶니? 그럼 이번에는 각각의 성격에 대해 좀 더 살펴보도록 하자. 앞에서 얘기했듯이 사람의 성격은 외향적인 성격과 내성적인 성격으로 크게 나눌 수 있단다. 먼저 외향적인 성격의 사람은 폭넓은 대인 관계를 유지하며 사교적이어서 많은 친구를 동시에 사귈 수 있어. 정열적이고 활동적이어서 어떤 활동이든 적극적으로 참여하지. 글보다는 말로 표현하는 걸 좋아하고, 생각보다는 행동이 앞서는 편이야.

내성적인 성격의 사람은 깊이 있는 대인 관계를 유지하며 소수의 친구를 깊이 사귄단다. 조용하고 신중하게 행동하지. 또 정적인 활동에 집중하는 편으로 말보다는 글로 표현하는 것을 더 좋아하기도 하지.

예준아, 네가 내성적이라고 주눅 들 필요 없어. 엄마는 한 번도 네가 내성적이라고 걱정한 적은 없단다. 다만 내성적이라고 스스로를 하찮게 생각할까 염려했을 뿐이야.

자신이 어떤 성격인지 알고 싶으면 MBTI 검사라는 것을 하면 돼. MBTI(성격 유형 테스트)는 성격을 유형별로 구분하는 검사인데 전 세계에서 사용할 정도로 신뢰도가 아주 높단다.

자기 성격을 정확히 알고 있으면 자신을 이해하는 데 도움이 될 뿐만 아니라 다른 사람도 이해하는 데도 도움이 된단다. 사람은 나와 다른 사람을 이해하지 못해서 상처를 받게 되는 경우가 많거든.

이 검사는 자신의 성격과 기질, 적성도 알려 준단다. 그렇기 때문에 부족한 부분을 보완하고, 내가 잘 모르는 장점을 알 수 있게 도와

주지. 단, 조심해야 할 것은 '나는 이런 성격 유형이니까 이렇게만 살 거야'라는 식의 태도는 성격 유형을 모르는 것보다 더 위험하단다. 자신의 성격을 아는 것은 보다 더 좋은 인격체로 성장하기 위해서라는 것을 잊지 말렴.

엄마,
이렇게 도와주세요

내성적인 아이는 아이마다
그 성격의 장점을 살려 주세요

아이의 성향을 살펴보고 성향에 맞는 양육 태도가 필요합니다. 만일 아이가 외향적이라면 그 특징의 장점을 살려주고 사기를 북돋워 주는 것이 필요하지요. 반면 단점을 보완할 수 있도록 신중하게 행동하는 법을 가르쳐 주고, 자신의 감정을 조절하도록 도와주어야 합니다.

아이가 내성적이라면 외향적인 성향이 되도록 채근하는등 내성적인 성향을 열등하게 느끼게 해서는 안 됩니다. 장점을 살리고 북돋워 주어야 합니다. 다만 스스로 자기 성격을 못마땅하게 여기고 소극적이 될 수 있으므로 장점을 살릴 수 있도록 격려해 주어야 합니다.

자신감이
없어요

자신감이 넘치는 아이들은 어떤 상황에서도 주눅이 들지 않는단다. 반면 자신감이 없는 아이들은 매사 어떤 상황이든 주눅 들곤 하지. 그렇다면 한 번 생각해 보렴. 왜 자신감이 없는 걸까? 그것은 스스로 자기 자신에 대한 이미지가 나쁘게 굳어져 저절로 자신감이 없어졌기 때문이란다. 자기 이미지는 자존감과 아주 비슷한 말이야.

혁이라는 아이가 있었어. 이 아이는 아기였을 때부터 "넌 왜 이렇게 못 생겼냐? 너무 못 생겼네."라는 말을 들으며 자랐대. 할머니와 할아버지, 친척들로부터 그 말을 자주 듣다 보니 혁이는 자신이 정말 못 생긴 애라고 생각했어. 하지만 혁이는 아주 잘생긴 아이였어. 이목구비가 뚜렷하고 갸름하게 생겨서 요즘 나오는 아이돌 가수같이 생겼거든. 그런데 처음 혁이가 엄마 상담실에 찾아왔을 때 혁이는 얼굴을 못 들고 눈도 못 마주치며 수줍어했어.

"혁이는 자신이 잘생겼다는 걸 알아?"

"아니요. ……전 못 생겼어요."

"왜 그렇게 생각해?"

"……전 원래 못 생겼어요."

"혹시 어른들이 자주 그렇게 말씀하셨어?"

"네. ……어렸을 때부터 항상 못생겼다고 했어요."

"아마 그건 너무 예쁜 아이에게 일부러 못 생겼다고 반대로 얘기하는 옛날 풍습 때문이라고 생각되는데. 그런 얘긴 못 들었어?"

"……요즘 그런 얘기를 가끔 하시는데, ……전 안 믿어요."

"여기, 거울 한 번 봐. 네가 얼마나 잘생겼는데."

"모르겠어요……."

"너 자신을 못 생겼다고 생각하니까 자신감이 안 생기는 거구나."

"네……."

혁이는 상담 시간 내내 자신감 없는 목소리로 아주 천천히 말했단다. 또 대답하기 전에 오랫동안 생각에 잠기곤 했는데, 그때마다 '이런 이야기를 해도 될까' 하고 생각하는 거 같았어. 말하는 것조차 조심스러운 걸 보고 이 아이가 정말 큰 상처를 갖고 있구나 싶었지. 자꾸만 자신감을 잃게 하는 말을 들어 마음에 상처가 생긴 거지.

상훈이는 어렸을 때부터 엄마 아빠에게 이런 얘길 많이 들었대.

"너는 남자애가 왜 그리 수다스러워? 좀 진중해야지. 입도 무겁고."

자신감은 자신을 사랑하고 긍정적으로 생각하는 힘에서 비롯된단다. 자신을 사랑하고 긍정적으로 생각하면 자심감이 생겨 어떤 일이든 자신 있게 할 수 있지.

그런데 어느 때부터인가 상훈이는 점점 말이 없는 아이로 변해 갔어. 말을 많이 하는 자신이 아주 못난이라고 생각했고, 결국에는 사람들과 말을 하지 못할 정도로 자신감을 잃게 된 거야. 엄마 아빠의 생각 없는 말들이 무의식적으로 아이에게 큰 영향을 미치게 된 거지.

바보에서 천재가 되는 비결, 자신감

혹시 '국제멘사협회'라고 알고 있니? 국제멘사협회는 전 세계 천재만 가입할 수 있는 국제 모임이야. 빅터 아저씨는 국제멘사협회의 회장을 지낸 천재 중 천재란다. 그런데 놀랍게도 빅터 아저씨는 17년 동안 바보로 살았다고 해. 어린 시절 어눌한 말투로 인해 친구들에게 바보라 놀림을 당한 빅터 아저씨는 자신이 진짜 바보이고, 무슨 일이든 '난 할 수 없다'라 생각했지. 빅터 아저씨는 남들과 다른 생각을 하는 천재였는데 선생님을 비롯한 친구들은 바보라 다른 생각을 한다고 생각한 거야. 이런 바보 빅터 아저씨가 어떻게 천재가 될 수 있었을까? 그것은 바로 '자신감'이었어. 빅터 아저씨가 '나를 믿자'라는 자신감을 가지게 되자 어눌했던 말투는 당당한 말투로 바뀌었고, 무슨 일이든 멋지게 해낼 수 있게 되었단다. 아마도 빅터 아저씨가 자신감을 가지지 못했으면 평생 바보로 살게 되었겠지?

자신감은 자신을 사랑하고 긍정적으로 생각하는 힘에서 비롯된단다. 자신을 사랑하고 긍정적으로 생각하면 자심감이 생겨 어떤 일이든 자신 있게 할 수 있지.

이런 말이 있어. 남에게 사랑받고 싶으면 나 자신을 먼저 사랑하라. 이 말은 자신을 사랑하는 사람이 남에게도 사랑받는 사람이 된다는 말이야. 반대로 자신을 사랑하지 않는 사람은 남에게도 사랑받기 힘들지.

너도 너 자신을 긍정적으로 바라보길 바란다. 그리고 자신감을 더욱 가지길 바랄게. 그래도 괜찮아. 너는 너무 멋있고, 잘생겼고, 아주 괜찮은 아이거든.

자신감 없는 아이에게는 엄마 아빠의 응원이 더 필요해요

자신감을 회복하는 데 있어서 부모의 응원과 격려 만큼 영향력 있는 것이 없답니다. 엄마와 아빠가 마음을 다해 응원해 주세요. 아이가 스스로를 마음에 들지 않는다고 싫어하게 되면, 그 싫은 표정과 태도가 은연중에 배어나게 됩니다. 그러면 아이는 더욱 자신감을 상실하게 되지요.

"지금의 너 전부를 엄마는 사랑하고 받아들인단다. 그러니 언제나 괜찮아."

이렇게 자신감을 불어넣을 수 있는 말을 일관되게 해주면 아이는 점점 자신감을 갖게 됩니다. 엄마가 언제나 '내 편'이라는 의식이 자신감 있는 아이로 자라게 합니다.

자꾸 나쁜 생각을
하게 되요

12

"에잇, 콱 죽었으면 좋겠어!"

"죽으면 이까짓 공부 안 해도 되고, 학교도 안 가도 되고 좋잖아."

정말 놀랍게도 많은 아이들이 이런 생각을 한다는구나. 한 해에 자살하는 아이들이 수백 명이라고 하는데 이것은 우리나라의 큰 손실이고 큰 슬픔이 아닐 수 없어. 아이들이 살고 싶어 하지 않는 세상일 수 있을 테니 말이야.

사람들은 힘든 일이 있을 때 무심결에 죽고 싶다는 말을 해. 무의식 중에 늘 죽고 싶다는 생각을 하고 있는 거지. 왜 그럴까?

슬퍼서 죽고 싶고, 외로워서 죽고 싶고, 인정받지 못해서 죽고 싶고, 공부 못해서 죽고 싶고……. 그 모든 죽고 싶은 마음의 이면에는 상처로 얼룩진 기억과 흉터가 있단다. 그건 공부를 잘하든 못하든, 돈이 많든 없든, 얼굴이 예쁘든 못났든 상관이 없단다.

돈이 없는 사람은 돈만 많으면 행복해지고 잘살 것 같다고 해. 외모가 예

쁘지 않은 사람은 예뻐지기만 하면 행복해질거라 생각하지. 하지만 돈 많은 사람이 또 다른 불행 때문에 괴로워하고 자살의 유혹에 흔들리고, 외모가 예쁜 사람이 온갖 심리적 고통에 시달리는 것을 보면 꼭 그렇지만도 않은 것 같다. 로또에 당첨된 사람들이 돈만 있음 행복할 것처럼 보이지만 실제로는 불행한 삶을 살게 된 사례가 꽤 많거든.

난 뭘해도, 잘 안 될 거야

죽고 싶은 마음이 가득한데 겉으로만 아닌 척하며 살 수 있을까? 죽고 싶은 마음이 가득 차 있는 사람은 그 마음이 얼굴에 나타나 어둡고 우울해 보이지. 게다가 무슨 일이든 열심히 하지 않아 어떤 일을 해도 잘 되지 않는단다. 왜냐하면 죽고 싶은 마음 뒤에는 '나는 뭘 해도 잘 안 될 거야'라는 무서운 생각이 숨어 있기 때문이야. 따라서 죽고 싶다는 생각이 마음속에 있는 한은 무슨 일을 해도 실패하고 좌절만 느끼게 되고, 또 죽고 싶은 생각만 들게 된단다. 그야말로 악순환이지.

죽음 따위는 생각해 본 적도 없어

스티븐 호킹 박사는 영국의 유명한 물리학자야. 예준이도 알고 있는 아인슈타인에 버금가는 과학자로 꼽히는 물리학자지. 그런데 스티븐 박사는 루게릭이라는 병을 앓고 있단다. 루게릭 병은 온몸의 근육

PLUS BOX

선생님, 도와 주세요! 왕따 당하고 있어요

왕따를 당하고 있을 때는 혼자 고민하지 말고 부모님이나 담임선생님 등 주변 사람들에게 도움을 요청하자. 만약 부모님이나 담임선생님께 말씀 드리기 힘들면 아래의 곳에 전화해서 상담을 받아보는 것도 좋아. 절대로 혼자 고민하지 마! 왕따 문제는 절대로 혼자 고민하고 해결할 수 있는 문제가 아니란다. 이것만은 꼭 잊지 마!

* 학교 폭력 근절 종합 대책 117
* 청소년 폭력 예방 재단(청예단) 1588-9128
* 학교 폭력 긴급 전화 1588-7179
* 자살 예방 센터 www.hopeclick.or.kr

이 점점 퇴화되어 손, 다리 어느 것 하나도 마음대로 움직이지 못하는 무서운 병이지. 이 병은 나중에는 호흡기의 근육까지 퇴화시켜 스스로 숨을 쉴 수 없어 죽음에 이른단다.

스티븐 박사는 스물두 살쯤 이 병이 걸렸고 의사 선생님은 스티븐 박사가 곧 죽게 될 거라고 했지. 하지만 의사 선생님의 예상은 빗나갔어. 스티븐 박사는 시한부를 선고받고 자포자기하는 다른 사람들과 달리 욕조에 물을 받아 숨 참기 연습을 하며 호흡기 근육을 강화시키는 등 차분하게 이 병을 준비했어.

입술의 근육이 약해져서 발음이 흐려지자 친구들이 놀려댔어. 하지만 스티븐 박사는 개의치 않았어. 심지어 손가락의 근육이 약해져서 종이 한 장을 들 힘도 없어 두 손으로 간신히 들어야 했고 짧은 거리를 걸을 때도 너무나 많은 시간이 필요했지만 상관하지 않았어. 대신 스티븐 박사는 열심히 공부를 했어. 결과 그 누구도 할 수 없는 물리학계에 큰 업적을 남겼지. 비록 몸의 근육이 모두 퇴화되어 휠체어에서 생활하지만 아주 건강한 정신을 갖고 있단다.

스티븐 박사가 대단한 것은 아주 똑똑한 사람이어서가 아니야. 옆에서 지켜보는 사람조차 힘들어 할 만큼 힘든 순간에도 포기하지 않고 꿋꿋이 자신이 할 일을 했다는 거야. 스티븐 박사는 단 한 번도 죽음을 생각해 본적이 없다는구나. 아마도 스티븐 박사의 마음이라는 정원 안에 긍정이라는 꽃이 가득 피어 있기 때문은 아니었을까?

너의 마음에 가득한 '죽고 싶다'는 생각을 자세히 들여다보고 느껴 봐. 느낄 수 있어야 빠져 나올 수 있단다. 느낄 수 있어야 치유가 된단다.

또 세계적으로 유명한 코미디언 찰리 채플린은 이런 말을 남기기도 했단다.

"빈민 수용소에 있을 때나 먹을 것을 구하기 위해 길거리를 방황하고 있을 때도, 나는 내가 세계 제일의 배우라고 믿었다. 어린아이가 한 생각으로 어이없게 들리겠지만, 그래도 나는 그렇게 강한 믿음을 갖고 있었고, 그것이 나를 구했다. 그런 확신이 없었다면 나는 고달픈 인생의 무게에 짓눌려 일찌감치 삶을 포기해 버렸을 것이다."

자살, 그 절망의 벼랑 끝에서

얼마 전 뉴스에서 중학생이 자살했다는 안타까운 사건을 같이 본 적이 있지? 왜 자살이라는 극단적인 선택을 했을까?

사람은 마음에 따라 몸이 움직이기 때문에 마음을 어떻게 먹느냐는 아주 중요하단다. 마음이 아픈 사람은 마음이 부정적으로 움직여 심한 우울증에 걸려 자살 충동을 느끼곤 하지. 그럴 땐 정신을 바짝 차리고 죽지 않고 살아서 이겨내 보겠다는 결심을 해야 돼. 그래야 살아날 수 있단다. 그렇지 못하면 끝내 약한 마음을 버리지 못하기 쉬우니까. 혼자 힘으로 그것을 이겨내기 힘들 때는 주변에 도움을 청해야 한단다. 주변에는 네가 진심으로 마음을 열고 다가가면 네 말을 들어줄 친구들이 의외로 많이 있을 거야. 엄마는 바로 그런 사람 중 한 사람이고, 그러므로 언제나 어떤 일이 있어도 세상에는 네 편이 많다는 것을 잊지 말기를 바란다. 너뿐만 아니라 세상 사람 누구나 '내 편'인 사람이 누구나 있단다. 그러니 누구도 마음문을 열고 자신의 이야기를 하면 행복해질 수 있어.

매일 자신의 마음을 들여다보아야 한단다. 마음에 긍정적인 마음이 가득한지, 부정적인 마음이 가득한지 점검해 보고 부정적인 것이 있다면 그것을 빨리 마음에서 내보내야 해.

너도 모르는 사이에 죽고 싶다는 부정적인 생각이 네 마음을 점령하지 않았는지 날마다 체크해 보길 바란다. 이런 나쁜 생각은 눈치 못 채는 동안 문제를 일으키니까. 그리고 죽고 싶다는 생각이 들 때마다 엄마에게, 혹은 친구에게 너의 속마음을 다 꺼내놓길 바란다. 그러면 그 순간 죽고 싶은 생각에서 벗어날 수 있을 거야.

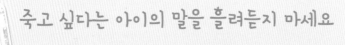

엄마, 이렇게 도와주세요

죽고 싶다는 아이의 말을 흘려듣지 마세요

아이가 '죽고 싶다'는 말을 할 때 예사로 듣지 말아 주세요. 자살의 전조 증상일 수 있습니다. 아주 어린아이들도 자살하는 시대가 되었습니다. 이보다 더 불행하고 슬픈 일이 어디 있을까요?

더 슬픈 일은, 아이가 죽고 싶어 하는데도 엄마가 알아채지 못하는 것입니다. 부디, 아이의 마음속에 이런 물결이 일렁일 때 신속하게 알아채고 그 황량한 마음속을 엄마의 사랑으로 채워 주세요. 그러면 아이는 죽고 싶다는 생각에서 벗어나게 될 것입니다.

혼자 있는 게
무서워요

"지옥이 정말 있어요?"

"귀신이 나올까 너무 무서워요."

아이들은 이런 이야기를 곧잘 하지. 너도 그렇고. 그런데 무서워하면서도 공포 영화를 즐겨 보고 무서운 이야기를 좋아하지.

너무 어릴 때 공포 영화를 많이 보는 건 좋지 않단다. 무서운 생각이 머릿속에 박혀서 집중력을 떨어뜨리기 때문이야. 한 번 공포 영화를 보면 공부할 때 공포스러운 장면이 떠오르고, 잠을 자려고 누울 때도 자꾸 무서운 생각이 나서 잠을 푹 자지 못하지.

한번은 네가 태권도 도장에서 아주 무서운 공포 영화를 봤다고 했어. TV에서 귀신이 나오고, 거울 속에서 귀신이 나오는 영화였다고 했지. 그때부터 너는 한동안 잠깐 동안 혼자 있는 것도 무서워했고 화장실에 갈 때도 무서워 항상 문을 열어두어야 했어.

지영이라는 아이는 어느 날 교회에서 목사님으로부터 무섭고 끔찍한 지옥 이야기를 듣고 매일 밤마다 악몽을 꾸고, 지옥에 가면 어떡하나 너무 걱정이 돼 잠을 자지 못했다고 하더구나.

영후라는 아이는 끔찍한 영화를 보고 나서 너무 놀라 기절을 했다는 거야. 그때부터 집밖에 나가는 것도 무서워하고, 밤에 잠을 자지 못해 결국 엄마 상담실을 찾아왔었단다. 영후는 공황장애 증상을 갖고 있었지.

또 미진이라는 아이는 할머니를 따라 산 속에 있는 절에 가서 커다란 불상을 보고 불상이 자신을 덮치는 꿈을 매일 밤마다 꾼다고 했어.

또 진희라는 아이는 학원에 갔다 돌아오는 길에 어떤 사람이 따라오는 바람에 겁에 질렸던 적이 있었대. 다행히 나쁜 사람이 아니었는데도 진희는 그후 혼자 다니는 것을 너무 무서워해서 결국 심리 치료를 받아야 했단다.

이처럼 뭔가에 심하게 놀라면 그때부터 불안, 공포 같은 감정에 한동안 시달리게 된단다. 그것이 점점 심해지면 대인 공포(사람에 대한 공포)가 생기고, 급기야 대인 기피 현상(사람을 피하는 현상)

이 생기기도 하지. 이러한 증상이 더 심해지면 학교도 못 가고, 방 안에만 박혀 있는 심각한 히키코모리(은둔형 외톨이) 증상이 생기기도 한단다.

이밖에 마음속 공포는 사람의 정서를 어지럽히고 혼란스럽게 만들어 ADHD(주의력 결핍 과잉 행동 장애) 증상을 만들기도 해. ADHD 증상이 생기면 수업 시간에 가만히 있지 못하고, 산만하고 정신없는 행동을 하게 되지.

예준아.

엄마는 네가 앞으로 될 수 있으면 무서운 영화, 무서운 만화책, 무서운 이야기는 안 봤으면 좋겠다. 그런 것을 봐서 마음이 불안해지는 것처럼 반대로 좋은 것, 아름다운 것을 많이 보고 생각하면 마음도 함께 좋아지거든. 따라서 아름다운 그림을 감상하거나 마음이 따뜻하고 행복해지는 영화나 책을 보는 것이 좋겠지?

마음 속에 자꾸
두려움이 쌓이게 되면
공부를 하는 게 힘들어진단다.
몰입하지 못하기
때문이야. 이건 학생에게는
참 치명적이겠지?

엄마,
이렇게 도와주세요

무서운 영화를 아이들에게 보여 주지 마세요

아이들이 공포 영화를 보지 않게 주의해 주세요.

아이가 어릴수록 공포 영화는 치명적인 부작용을 낳게 합니다. 뇌에 각인된 공포에 대한 기억은 지워지는 데 오랜 시간이 걸리고, 일단 공포가 머릿속에 가득하게 되면 주의력 결핍과 불안 증세가 생겨 산만해지기 때문입니다. 또 공포 영화를 본다고 야단을 많이 쳐도 좋지 않습니다. 불안이 더 커지기 때문이지요. 부드럽게 타이르고 공포 영화나 요즘 유행하고 있는 공포 만화책은 보지 않도록 해 주세요.

그리고 종교적인 행위도 아이의 연령대에 따른 주의가 필요합니다. 너무 끔찍한 내용의 종교적 가르침은 평화와 기쁨을 배우기도 전에 공포부터 배우게 합니다. 그것은 아이가 성장한 이후에 종교로부터 떠나게 되는 계기를 제공하는 것이 되기도 하지요. 어떤 내용이든 아이들에겐 공포스러운 것은 피하도록 하는 것이 좋습니다.

마음이 아플 때 이렇게 해 보자
엄마에게 치료를 받은 친구들이 그린 시화 작품이야.
좋은 시를 읽고 그림을 그리는 건 마음을 건강하게 하는 데 도움을 준단다.

심리학
해결편

하늘을 한번 올려다볼래?
파랗고 투명한 하늘이 네 가슴에 들어오지?
엄마는 우리 예준이가 좀 더 크고 넓게
세상을 바라보길 바란다.
마음에 새겨진 상처가 다 치유되어서
그 상처의 경험이 우리 예준이의
삶을 더 풍성하고 아름답게 하길 바란다.

사랑이
필요해!

엄마는 날마다 듣는단다. 사랑이 결핍된 사람들이 "사랑이 필요해요!" 라고 아우성치는 소리를. 사람은 밥만 먹고 살 수 없는 존재야. 사랑도 같이 먹어야 신체적으로, 정서적으로, 심리적으로 건강하게 자랄 수 있지.

저기 먼 나라 아프리카에는 전쟁 때문에 부모님을 잃은 수많은 고아들이 있단다. 그 가엾은 아이들은 사랑이 부족하게 살아가고 있지. 사랑이 부족한 아이들의 눈동자를 본 적 있니? 그 눈동자는 외로움과 슬픔이 가득하고 행복하거나 기쁜 감정은 찾아볼 수가 없단다.

어린시절에는 엄마 아빠가 많이 만져 주고, 많이 안아 주는 스킨십이 필요해. 말을 하지 못하는 아기들은 엄마 아빠의 손길에서 사랑을 느끼기 때문이야. 그래서 엄마도 네가 아기였을 때 수없이 만지고, 안고, 사랑한다고 속삭이곤 했단다. 너는 기억하지 못하겠지만.

목욕을 시키고 기저귀를 갈면서 너의 포동포동하고 부드러운 팔과 다리에 베이비 오일을 바른 후 마사지를 하면 너는 방긋방긋 웃으며 기분 좋은 표정을 지었지. 네가 엄마에게 사랑스런 눈빛을 보내면 얼마나 행복했는지 몰라.

그렇게 보면 엄마 혼자 너에게 일방적으로 사랑을 준 것이 아니라 엄마도 너의 사랑을 듬뿍 받았던 것 같아. 그래서 아마도 아기를 키우는 수고와 고단함을 다 잊을 수 있었겠지. 너의 온몸에서 사랑이 품어져 나왔으니까.

아기를 키우는 엄마는 세상에서 가장 행복한 여성일 거야. 그래서 이런 말이 있지. '여자는 약해도 엄마는 강하다!' 아기에 대한 사랑은 엄마에게 초인적인 힘이 나오게도 한단다.

그런데 어떤 엄마들은 이 위대하고 순수한 사랑을 잘못된 방법으로 전달하더구나. 아이가 자라는 동안 엄마의 욕심이 점점 커져 어느 순간부터 조건부 사랑을 하게 되는 거지.

"네가 1등하면 게임기 사 줄게."

"네가 평균 10점을 올리면 해 달라는 거 다 해 줄게."

엄마나 아빠가 이렇게 하는 것은 아이가 자신의 못 다 이룬 꿈을 이뤄 주길 바라기 때문이야.

엄마나 혹은 아빠들은 이것이 자식에 대한 사랑이라고 생각하지만 절대 그렇지 않아. 그저 자신도 모르게 자기 욕구를 아이에게 푸는 것일 뿐이지.

엄마도 한때는 네가 공부도 잘하고, 말도 잘 듣고, 무조건 모범적인 아이였으면 하고 바랐어. 그래서 학원을 빼먹었을 때 심하게 야단도 쳤고, 뭔가 책임 있는 행동을 못했을 때는 화를 내기도 했지. 그때 엄마는 이 모든 것이 너를 위한 것이라고 생각했어. 하지만 어느 순간 엄마의 기준에 너를 맞추려고 한다는 걸 깨달았지.

미안해. 엄마가 너에게 상처를 줬어. 이제 엄마의 사랑을, 아무 조건 없는 순수한 사랑을 너에게 줄게. 그 사랑이 너를 치유하고 강하게 만들어 줄 거라 믿는다. 진정한 사랑은 모든 상처를 치유하고도 남음이 있는 초강력 치유약이기 때문이지. 특히, 엄마의 사랑은……

마음의 치료약, 사랑

엄마, 이렇게 도와주세요

'사랑한다'고 언제나 말해 주세요. 진심을 담아 말해 주세요. 엄마의 사랑보다 더 좋은 보약은 없습니다. 아이가 자라서 엄마를 떠난 것처럼 보여도, 엄마의 사랑 가득한 울타리가 안전하게 둘러쳐 있을 때 아이들은 안심하고 세상 밖에서 활기차게 전진하게 됩니다. 지금 이 순간, 말해 주세요.

"00아, 사랑해."

공부를
잘하고 싶니?

02

공부하는 것은 항상 힘들다고 생각하지? 하지만 학생이니까 최선을 다해 공부는 해야겠지?

공부를 잘하려면 마음에 상처가 없어야 한단다. 공부 역시 마음에 병이 없어야 집중력을 갖고 열심히 공부해 좋은 결과를 얻을 수 있기 때문이지. 많은 엄마들이 아이의 마음 상태는 잘 모르고 학원을 여러 곳 보내거나, 과외를 시키며 아주 혹독하게 공부를 시키고 있어.

엄마 상담실에 찾아온 희진이라는 아이가 한 말이 지금도 생생하구나.

"학원 가 봐야 소용없어요. 우리 엄마는 학원만 가면 제가 공부 열심히 하는 줄 알아요. 전 그냥 앉아만 있다 오는 거예요. 머릿속은 복잡하고 마음에는 불안이 가득하거든요. 항상 불안해요. 그런데 무슨 공부가 되겠어요."

희진이 말이 맞아. 마음이 평온하고 집중할 수 있는 힘이 있어야 공부의 능률이 오를 수 있지. 마음이 불안하고 많은 생각이 떠오르면 10시간 동안

책을 펴놓고 앉아 있어도 아무 소용이 없단다.

창민이는 공부 못하고, 나쁜 애들과 어울려 다니면서 다른 애들 돈을 뺏고 때리는 등의 나쁜 행동을 하는 아이였어. 상담 선생님인 엄마가 창민이의 마음을 살펴보니 창민이의 마음속에는 매일 공부 잘하는 형과 항상 비교 당해 열등감이 가득했지. 그래서 엄마는 열등감이 치유될 수 있게 도와주었단다.

열등감이 치유되자 창민이는 놀랍게도 공부를 잘하게 되었어. 창민이는 예전에는 책상에 앉으면 딴 생각이 들고, 글자가 머릿속에 전혀 들어오지 않았는데, 우울하고 화나는 마음이 사라지니까 집중이 잘된다고 했어. 집중이 잘되니깐 자연스럽게 공부하는 습관이 길러졌고 공부가 재미있어졌다는 거지.

공부하는 시간은 많은데 성적이 오르지 않는다면 그것은 집중력이 없어서 그런 거야. 너도 불안이 심했을 때는 공부를 전혀 하지 못했잖아.

네 친구들도 이런 말을 했다지? 성적이 안 올라서 미치겠다고. 성적 때문에 비관해서 자살한 아이들도 있잖아. 공부를 열심히 하는 것 같은데 성적이 오르지 않는다면 마음을 점검해 봐야 해.

산만하고 생각이 많다면 분명히 그 이유가 있는 거야. 그 이유를 찾아서 해결하고 다시 공부를 한다면 분명히 성적도 오르고 투자한 시간만큼 효과를 거둘 수 있게 될 거야.

아이의 성적이 안 오른다면 심리적 불안요소를 없애 주세요

아이의 성적이 안 오른다고 채근하거나 야단치지 마시고 아이를 유심히 관찰하셔서 그 이유를 찾아보세요. 대부분 집중을 방해하는 심리적 불안이 그 원인인 경우가 많습니다.

아이를 불안하게 하는 환경이 있다면 제거해 주시고, 집안 환경을 편안하고 아늑하게 만들어 주세요. 불안한 상황을 말로 표현하게 하고, 온 가족이 모여 서로 대화하는 화기애애한 분위기로 만들어 보세요.

정서적 안정은 심리적 평안으로 이어지고 집중력을 올려줍니다. 중학생 때까지 공부 잘하던 아이가 부부의 불화 때문에 갑자기 공부할 의욕을 잃어버리고 고등학생이 되고부터 공부에서 완전히 손을 놓아 버리는 경우를 종종 봅니다.

사이좋은 부모님은 아이에게 심리적 안정을 줍니다. 가족들의 화목함은 정서적인 평화를 주어 집중력과 몰입력을 높입니다. 이것은 단순히 공부를 잘하는 것만의 문제가 아니라 정서적으로도 매우 중요합니다.

03

너의 꿈을
자세히 그려봐

지금 너의 꿈은 뭐니? 어릴 땐 꿈이 많더니, 어느새 꿈이 점점 없어지다가 언젠가는 너의 영혼이 텅 빈 것처럼 느껴질 때가 있었단다. 꿈을 가지는 것은 마음이 건강하다는 증거이기 때문에 네가 꿈이 없는 게 엄마는 걱정이 됐단다.

엄마는 오랫동안 심리적으로 깊은 병에 걸렸었기 때문에 진짜 꿈은 한 번도 가진 적이 없단다. 엄마가 진심으로 꿈을 갖고 있었다면 그동안 살면서 그렇게 많은 시행착오를 겪지 않았을 텐데⋯⋯. 그래서 엄마는 네가 엄마의 전철을 밟지 않고 건강한 마음으로 네 꿈을 갖길 바란단다.

가난하고 아무리 힘들게 살아도 꿈이 있으면 부유한 사람이란다. 꿈이 많은 것은 마음이 건강하다는 것이야. 마음속에 쌓인 상처가 사라질수록 미래를 긍정적으로 생각하게 되고 즐겁게 꿈을 꾸게 되지. 따라서 마음속 상처는 꿈을 자꾸만 사라지게 만드는 마술 지우개 같은 것이지.

꿈꾸는 아이들은 자라서 어른이 되면 어떤 식으로든 꿈을 이루게 된단다. 꿈을 꾸고, 꿈을 이루기 위해 노력하고, 설령 실패해도 다시 꿈을 꾸고 다시 노력하지.

그리고 자신의 꿈을 이룬 사람들은 자신은 물론 다른 사람도 행복하게 만든단다. 엄마는 네가 그랬으면 좋겠어. 너도 행복하고 너의 행복으로, 다른 사람까지 행복하게 만드는 그런 사람.

네가 그런 꿈을 가질 수 있으면 좋겠어. 그런데 예준아, 꿈을 가지려면 먼저 생각해야 할 것이 있단다.

네가 뭘 좋아하는지, 네가 뭘 하고 싶어 하는지, 네 성향이 어떤지. 이런 것을 자세히 생각하면 꿈을 찾기 쉬워. 적성을 알지 못한 채 무작정 다른 사람이 좋다고 해서 꾸는 꿈은 진짜 네 꿈이 아니기 때문에 오히려 불행해지기 쉽단다.

엄마가 아는 한 화가는 하마터면 의과대학에 들어가서 의사가 될 뻔했대. 공부를 잘했기 때문에 부모님은 의사가 되길 바라셨거든. 미술대학에 들어가고 싶었지만 부모님의 뜻을 어길 수 없어 의과대학에 들어갔는데 거기서 해부 실습을 하던 중에 심한 구토를 하면서 쓰러지는 바람에 그 길로 학교를 자퇴하고 말았대. 그리고 다시 공부를 해서 미술 대학에 진학해 그림을 그리며 행복한 화가가 되었단다.

남들이 부러워하는 의과대학에 다님에도 자신이 조금도 행복하지 않았다면 그건 자신의 꿈이 아닌 거야. 부모님의 꿈이지. 부모님도 자식의 행복한 꿈을 막을 권리는 없단다. 때때로 잘못된 길을 선

너는 무엇을 좋아하니? 진짜 너의 꿈을 찾아봐.

택할 때 조언하고 충고해 줄 수 있지만, 강제로 꿈을 바꾸게 할 수는 없는 거지.

문득, 열한 살 짜리 현수가 생각나는구나. 하루는 현수가 이렇게 말했어.

"제 꿈은 멋진 아빠가 되는 거예요!"

어찌나 말하는 것이 비장하든지 상담 선생님인 엄마는 순간 눈을 동그랗게 뜨고 물었지.

"왜?"

"아빠가 되는 게 세상에서 젤로 멋진 것 같아요. 그것도 좋은 아빠요."

좋은 아빠가 되고자 하는 것, 얼마나 멋진 꿈이니? 세상에서 가장 훌륭한 사람이라고 추앙받더라도 아이들이 싫어하는 나쁜 아빠라면 무슨 소용 있겠니? 예준아, 너도 좋은 아빠가 되고 싶니?

우울증으로 힘들어했던 열세 살 지민이는 이렇게 말했어.

"저는 꿈이 없었지만요, 지금은 꿈이 생겼어요. 사람들을 행복하게 해 주는 사람이 되고 싶어요. 저도 행복해지고 우리 엄마 아빠랑 동생도 행복해지고…… 또 모르는 사람들도 많이 행복하게 해 주는 사람이 되고 싶어요."

열일곱 살 수지는 이렇게 말했단다.

"저는 그동안 꿈이 없었기 때문에 공부를 안 했어요. 공부해서 뭐 하나, 그런 생각이 들었거든요. 하지만 이제 달라졌어요. 저는 공부를 열심히 해서 선생님이 될 거예요. 그래서 저처럼 공부하기 싫어하고 힘들어하는 애들에게 공부를 해야 하는 이유도 말해 주고 공부 열심히 해서 훌륭한 사람이 되라고 말해 주고 싶어요."

열네 살 지훈이는 빛나는 눈으로 이렇게 말했어.

"전 그동안 동생하고 싸우고 장난만 치고 다른 애들을 괴롭히기만 했어요. 제 꿈이 뭐냐 하면요, 저는 선생님처럼 심리 치료사가 되고 싶어요. 왜냐하면 애들이 너무 힘들어하잖아요. 저도 너무 슬프고 힘들었는데 이제 저는 괜찮아졌으니까 힘든 애들 마음을 치료해 주고 저처럼 힘들지 않게 해 주고 싶어요."

엄마는 상담실에서 정말 많은 아이들을 만났단다.

처음 만났을 때 그 아이들은 꿈도 없고, 각자 마음이 너무 아프고 상처가 많아서 아주 사납고 짜증이 많은 아이들이었지. 자살하고 싶어 할 정도로 커다란 마음의 병을 가진 아이도 있었단다. 하지만 치료

를 받으면서 아이들은 많이 달라졌지. 그리고 치료가 거의 끝날 무렵에는 거의 대부분 아이들이 꿈을 찾았단다. 정말 놀라웠어. 그렇게 힘들어하던 아이가 건강하고 밝은 꿈을 갖게 되다니.

꿈이 있는 사람은 심리 상태가 아주 건강한 사람이란다. 심리 치료가 필요할 정도로 상처가 많고 병이 든 사람은 꿈을 가질 수가 없거든.

예준아, 너도 너의 꿈을 분명히 가지길 바란다. 구체적으로 그 꿈이 뭐든 간에 네가 행복해지고 다른 사람을 행복하게 해 줄 수 있는 꿈이면 좋겠구나. 아직 안 생겼다면 이제부터라도 생각해 보자.

엄마,
이렇게 도와주세요

아이의 꿈을 확장시켜 주세요

아이의 꿈을 위해서 엄마와 함께 '꿈의 지도'를 만들어 보세요. 아이가 되고 싶은 것, 가고 싶은 곳, 하고 싶은 일 등을 커다란 도화지 위에 여러 가지 모양과 색깔로 그려 넣고 표현해 보세요. 그런 후에 거실 한가운데 가장 잘 보이는 위치에 그 꿈의 지도를 걸어 두고 항상 볼 수 있도록 해 주세요.

시각적 효과는 매우 큰 영향력이 있습니다.

아이들의 꿈은 자라는 내내 바뀌게 되어 있습니다. 꿈이 바뀐다고 나쁜 것은 아닙니다. 추상적인 꿈에서 성장하는 동안 현실적인 꿈으로 바뀌기 때문입니다.

어떤 꿈이든 종류에 상관없이 칭찬해 주고 함께 기뻐해 주세요. 그러면 아이의 꿈은 점점 더 확장될 것입니다.

밝은 미래를
꿈꿔라

04

"요즘 어떤 고민이 있어?"

이 책을 쓰기 시작한 어느 날, 엄마가 네게 물었지. 그러자 너는 이렇게 대답했어.

"미래에 대한 고민이 커요. 나중에 서른 살쯤 됐을 때 뭘 하고 있을까. 노숙자가 되어 있으면 어떡하지 하는 생각도 들고요."

미래에 대한 고민은 너만한 나이 때는 누구나 한단다. 그러니 걱정할 필요는 없어.

오히려 미래를 생각한다는 게 많이 자랐다는 증거니까 기쁘기도 하지. 하지만 네 이야기를 듣고 생각의 전환은 필요하다는 생각이 들었어. 미래가 장밋빛으로 환하게 빛나는 것이 아닌, 노숙자가 될까 걱정하고 있다는 것은 너의 사고가 잘못된 방향으로 나갔다는 것을 의미하는 것이기 때문이지. 사회 전체가 어두워지고, 사람들의 생각이 어두워져서 너도 영향을 받은 걸까?

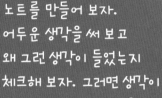

노트를 만들어 보자.
어두운 생각을 써 보고
왜 그런 생각이 들었는지
체크해 보자. 그러면 생각이
정리되고 어두운 생각을
버릴 수 있을 거야.

중학교를 다니는 여자 아이가 이렇게 말한 적이 있어.

"저는 이 다음에 너무너무 불행해질 것만 같아요. 별 볼일 없는 인간이 될 것 같아 무서워요."

이 아이의 마음에는 어두운 생각들이 많았던 거야. 마음속을 채우고 있는 그것들을 빨리 처리하지 않으면 나쁜 생각에 점점 더 사로잡히게 되지.

노숙자가 되어 있으면 어떡하지 하는 네 마음에도 어두운 마음이 있기 때문이란다. 그 어두운 생각들이 뭘까. 그것들

노숙자가 되면
어쩌지?

을 글로 써 보고 생각을 정리해 보렴. 분명히 거기에는 너도 미처 모르고 있었던 부정적인 기억이 매달려 있을 거야. 누군가 너에게 말했던 부정적인 얘기들, 불안을 불러일으킬 만한 상황과 아픔 등이 얽혀 있겠지.

이제 그걸 하나씩 풀어보자. 그러면 어느새 미래가 불안하지 않고 환하게 밝아오는 걸 느끼게 될 거야. 분명히 그럴 거야. 이제부터 엄마와 함께 탐색하고 탐구해 보자꾸나.

미래가 불안한 아이에게 "넌 괜찮아질 거야."라고 말해 주세요

엄마, 이렇게 도와주세요

자녀가 이유를 알 수 없는 미래에 대한 불안을 느낀다면 주의해서 볼 필요가 있습니다. 그것은 꿈을 앗아가는 주범으로 아이 스스로를 파괴하는 위력을 가지고 있습니다. 특히 사춘기 무렵의 아이들은 미래에 대한 불안을 많이 느낍니다. 그 불안을 대화의 모티브로 삼아서 자연스럽게 아이들이 자신의 고민을 털어놓을 수 있도록 대화의 장을 열어 주세요. 그러면 깜짝 놀랄 만한 말들을 쏟아 놓으며, 아이들은 스스로 불안을 조절할 수 있는 능력을 배양하게 될 것입니다.

미래가 불안한 아이에게 이렇게 말해 주세요.

"이제부터 엄마와 함께 네가 불안한 이유를 탐색하고 탐구해 보자꾸나. 엄마가 도와 줄게. 넌 반드시 괜찮아질 거야."

05

넌, 혼자가 아니야

예준아, 그 누구도 너를 이해해 주지 못하고 네 편이 아니라고 생각될 때가 있지. 아마도 그런 생각이 들 때마다 많이 외롭고 힘들 거야. 엄마나 아빠는 야단만 치고 반 아이들에게는 따돌림 당하고 선생님에게는 야단맞고……. 특히나 친구를 좋아하는 너에게 있어서는 믿었던 친구가 등 돌리고 뒤통수를 칠 때 더욱 그렇겠지.

언젠가 전학을 간 학교에서 어떤 애들 넷이서 너를 따라오면서 놀리고 돌을 던졌던 일은 엄마에게도 잊히지 않는 상처란다. 그러니 너는 오죽했겠니?

너를 괴롭힌 그 애들도 무슨 짓을 하는지 정확하게 몰랐을 거야. 그 아이들도 그런 행동이 다른 사람에게는 씻을 수 없는 고통이 되리란 걸 몰랐을 거야. 자신들이 그렇게 심한 짓을 한다는 걸 깊이 깨달았다면 그렇게 하지 못했겠지.

친구들에게 괴롭힘을 당한 이후로 너는 더 소심해졌고, 불안이 심해져서 무척 힘들어했어. 예준아, 그때 너를 가장 힘들게 했던 것은 아무도 네 편이 되어주지 않는 거라고 했지?

엄마는 어떤 일이 있어도 네 편이란다!
믿어도 돼. 네가 다른 누구에게도 이해받지 못하는 실수를 했어도 엄마는 네 편이란다. 네가 아무리 고립되어 있어도 엄마는 언제나 네 편이란다.

사람은 누구나 시련을 겪게 된단다. 시련은 그 사람을 견고하게 하고 지혜로운 인생의 깨달음을 얻게 하지. 때로는 그 시련 때문에 곁에 아무도 없다고 느끼는 순간이 오기도 하지만 명심할 것은 그때 너는 혼자가 아니라는 사실이야. 너는 결코 혼자가 아니란다.

우울증 같은 심리적 고통을 겪을 때 사람은 혼자라는 고립감을 더욱 느끼게 된단다. 그래서 외로움이 커지고 너무 외로운 나머지 죽음을 선택하기도 해. 조금만 눈을 돌리고 주위를 살펴보면 누군가 자기 곁에 있다는 사실을 모른 채 말이야. 그 어떤 사람에게도 반드시 누군가는 있단다. 본인만 모를 뿐.

사랑해.
엄마는 언제나
네 편이야.

151

그러므로 알아야 해. 그리고 믿어야 해. 네 곁에는 항상 누군가가 있다는 것을 말이야. 따뜻한 시선으로 너를 바라보고, 네가 잘되기를 바라는 그 누군가가 있다는 것을 말이야. 네가 항상 이것을 잊지 말고 기억하길 바란다.

왕따를 이긴 위인들

만유인력의 법칙을 창안한 과학자 뉴턴은 어린 시절 친구에게 괴롭힘을 당하는 왕따였단다. 하지만 뉴턴은 책을 보며 마음을 달랬고, 결국 훌륭한 과학자가 되었지.

유명한 발명가 에디슨도 엉뚱한 생각을 한다고 해서 어린 시절 친구들에게 왕따를 당했고, 천재 과학자 아인슈타인은 어린 시절 공부를 못한다고 해서 친구들에게 왕따를 당했어.

프랑스의 정치가 나폴레옹은 어린 시절 키가 작다고 해서, 우리나라의 발명가 장영실은 신분이 천하다고 해서 또래 친구들에게 왕따를 당했지. 하지만 이들 모두는 어린 시절의 어려움을 모두 극복하고 훌륭한 사람이 되었지.

예준아, 친구들이 괴롭혀서 힘들었지? 힘들겠지만 꼭 이겨내자. 잘 이겨내면 이제 너는 뭐든 할 수 있고 뭐든 될 수 있는 강한 힘을 가질 수 있고 뭐든 된단다.

외로워하는 아이에게
"엄마는 네 편."이라고 말해 주세요

자녀에게, 엄마는 항상 네 편이라는 인식을 심어주세요! 꼭!

아이들은 어디에서도 내 편이 없다는 생각에 외로워하고 힘들어합니다.

말하지 않으면 엄마나 아빠가 절대적으로, 어떤 경우에도 내 편이라는 생각을 하지 못합니다. 그래서 꼭 말로 표현해 주어야 합니다.

"00아, 엄마는 항상 네 편이란다. 네가 비록 실수하더라도 이것은 변함없는 사실이야."

"00아, 네가 잘못하는 행동을 하더라도 엄마는 변함없이 너를 사랑한단다."

"엄마는 언제나 너를 믿고 사랑한단다. 엄마는 평생 너의 편이란다!"

이런 말이 아이의 영혼을 살찌우고 심리적 안정감을 갖게 합니다. 아이들은 이 세상을 살아가는 동안 세상의 삭막함과 팍팍함을 느끼면서 누구도 자신의 마음을 알아주지 못하고 날이 갈수록 더욱 더 자기 편이 없다고 생각할 것입니다. 그래서 엄마의 이 말이 자녀의 머리와 가슴을 지나 영혼까지 깊이 새겨지도록 진심으로 말해 주어야 합니다. 그것이 곧 아이에게는 평생의 힘이 될 테니까요.

세상에서 제일 소중한
내 아들에게

　소중한 내 아들, 예준아. 하늘을 한번 올려다볼래? 파랗고 투명한 하늘이
네 가슴에 들어오지?

　엄마는 우리 예준이가 좀 더 크고 넓게 세상을 바라보길 바란다.

　마음에 새겨진 상처가 다 치유되어서 그 상처의 경험이 우리 예준이의 삶
을 더 풍성하고 아름답게 하길 바란단다.

　예준아.

　엄마의 편지를 읽으면서 심리적 문제가 모든 사람에게 얼마나 아프고 힘
들게 하는지 알았을 거야. 우리는 모두 서로가 서로에게 상처를 주기도 하
고 받기도 한단다. 그런데 대부분의 사람들은 자신이 받은 상처가 너무 커
서 자신이 다른 사람에게 준 상처는 기억하지 못하지. 그래서 다른 사람을
증오하고, 분노하고, 심지어 죽이기까지 하는 거란다.

　반면에 자신이 받은 상처를 잘 치료받으면 다른 사람의 상처를 볼 수 있
단다. 자신이 가족이나 친구나 다른 사람들에게 어떤 상처를 주고 있는지

도 보이지. 그래서 자신이 받은 상처를 빨리 치유해야 하는 거란다.

상처를 치유하려면 먼저 상처를 인정해야 돼. 가장 좋지 않은 행동이 자기는 상처가 없다고 우기는 거란다. 실제로 어떤 사람들 중에는 주위의 사람들이 아무리 문제가 있다고 해도 들은 척도 안 하고 자신은 문제가 없다고 큰소리치곤 하지. 가족도 괴롭히고, 다른 사람도 괴롭히고 있는데 정작 자신만 그 사실을 모르는 것이지.

예준아 너의 상처를 자세히 들여다보고 하나씩 치유해 가자. 이미 치유된 것도 있고, 아직 치유해야 되는 것도 있지? 늘 불만과 짜증이 없어지지 않을 것 같고, 늘 불행한 느낌이 드니?

그러면 상처 받은 내용을 적어보고 그때 받은 느낌과 감정을 하나씩 적어놓고 풀어헤쳐 봐. 그리고 뭐든지 엄마한테 이야기해 주렴. 네 마음의 모든 말을 들어 줄게.

때때로 엄마가 너무 바빠서 너와 대화할 시간이 없어 보일 때도 있을 거야. 그래도 눈치 보지 말고 엄마에게 다가와 이렇게 말해.

"엄마, 할 얘기가 있어요."

그러면 엄마는 어떤 순간에도 네 말에 귀 기울일게. 모든 일을 다 내려놓고.

사람들은 도시 한복판에서도 각자의 무인도에 사는 것처럼 고립되어 있고 외로워한단다. 그래서 사람과 사람 사이에는 마음을 이어 주는 아름다운 다리가 필요하단다. 아름다운 다리는 서로의 상처를 보듬어주는 마음이지. 사람은 누구나 아프니까. 누구나 외로우니까.

그러므로 너의 아픈 마음을 부끄러워하지 말고 모두 엄마에게 이야기하렴. 너의 마음속에 위로와 격려를 심어 줄게.

너의 마음속에 엄마의 위로와 격려가 항상 머물러 있길 바란다. 이 편지를 쓰는 동안에도 너의 다정한 모습이 보고 싶고 그립구나.

언제나 사랑스런 내 아들.

언젠가 네가 아름다운 배필을 만나 엄마 품을 떠날 때까지 엄마는 너의 치유와 홀로서기를 도울 거야. 엄마로부터 아름다운 독립을 하는 그날까지 엄마는 너의 친절한 보호자란다.

모든 것을 용납하고 모든 것을 이해하는 보호자!

사랑한다, 사랑한다.

그리고 또 사랑한다.